女子とお金のリアル

どうしたらお金のある人生になるんですか!?

小田桐あさぎ

すばる舎

今日もお弁当作り
めんどうだな～
チュンチュン
でも節約しないと
不安だし、
コツコツ貯金しなきゃ
A子(30)
私も夫も
給料安いし
ランチタイム
育休からの復帰、
待ってましたよ～
これから子どもに
お金かかるし、
勤め続けないとね～
ほんとは、子どもと
家にいたいけど
B子(32)
そっか～
C子(27)
普通の男性と結婚すると、
結婚も子育ても
我慢の連続か…
あのスーパー安いよ
私はそんなのイヤ
ハイスペ男子と結婚して、
この安月給から
抜け出すんだから！
キラッ
ガタッ
SNSで
〝手料理上手な、
いい奥さんになりますよ〟
ってアピールしなきゃね
カシャカシャ
C子ちゃんのお弁当ステキ

【登場人物】

主人公A子

結婚したばかりの30歳、会社員。子どもはこれから欲しいけど、今、お金が少なくていろいろ切り詰めている最中。将来のお金に対しても漠然とした不安あり。

先輩B子

A子と同じ部署の32歳。育休から復帰。当初はA子と同じような心境ながら、あるときから、生き生きと働いてプライベートも充実するように。きっかけは、あさぎさんの本を読み、講座を受け始めたこと。

後輩C子

A子、B子と同部署の27歳。結婚に焦っている独身。好条件の男性を狙って婚活中だが、自分に蓋をし、いろいろと我慢の日々。いわゆるモテ系だけど地味めを装っていたが……

あさぎさん

手取り20万円の貧乏非モテOLから起業し、年商4億円に。最愛の夫、8歳、3歳の娘達と現在ドバイ在住。女性の魅力を開花させる講座や著書にファンが多く、SNS総フォロワー数7万人以上。

はじめに
～知らなきゃ一生「お金がない」から抜け出せなかった〝お金の真実〟

はじめまして。小田桐あさぎです。私もかつては、A子さん、B子さん、C子さんと同じような境遇で、同じような考え方をしていた一人です。

ちゃんとした「良妻賢母」になるべく、仕事も家事もそこそこ頑張っていました。

なのに手取りの給料はずっと20万円もいかず。

給料前の所持金は常に１００円単位。なんなら貯金ゼロで借金２００万円（汗）

でも、それまでも別に、適当な人生を歩んできたわけでは決してなく、

- **収入を増やそうと、転職や資格取得などに何度もトライ、**
- **支出を減らすため、自炊したり家計簿などを駆使して節約に取り組み、**

● **ハイスペ男性と結婚すべく、一生懸命、婚活に励んでいたことも！**（1年間頑張ったけどまったくモテませんでしたが……）

ただ、どんなに頑張っても手取り20万を超えることがなく、特別な才能も裕福な実家も持っておらず、ハイスペ男性とも結婚できない私は、「自分がお金持ちになるなんて夢のまた夢」だと思っていました。

だけどそこから本気でお金に向き合い、お金の真実を知り、マインドを変えていったところ、なんと人生が大激変！

まず30代になってからは、年収500万円ほど稼げるように。

さらに32歳で産休をきっかけに起業してからは、

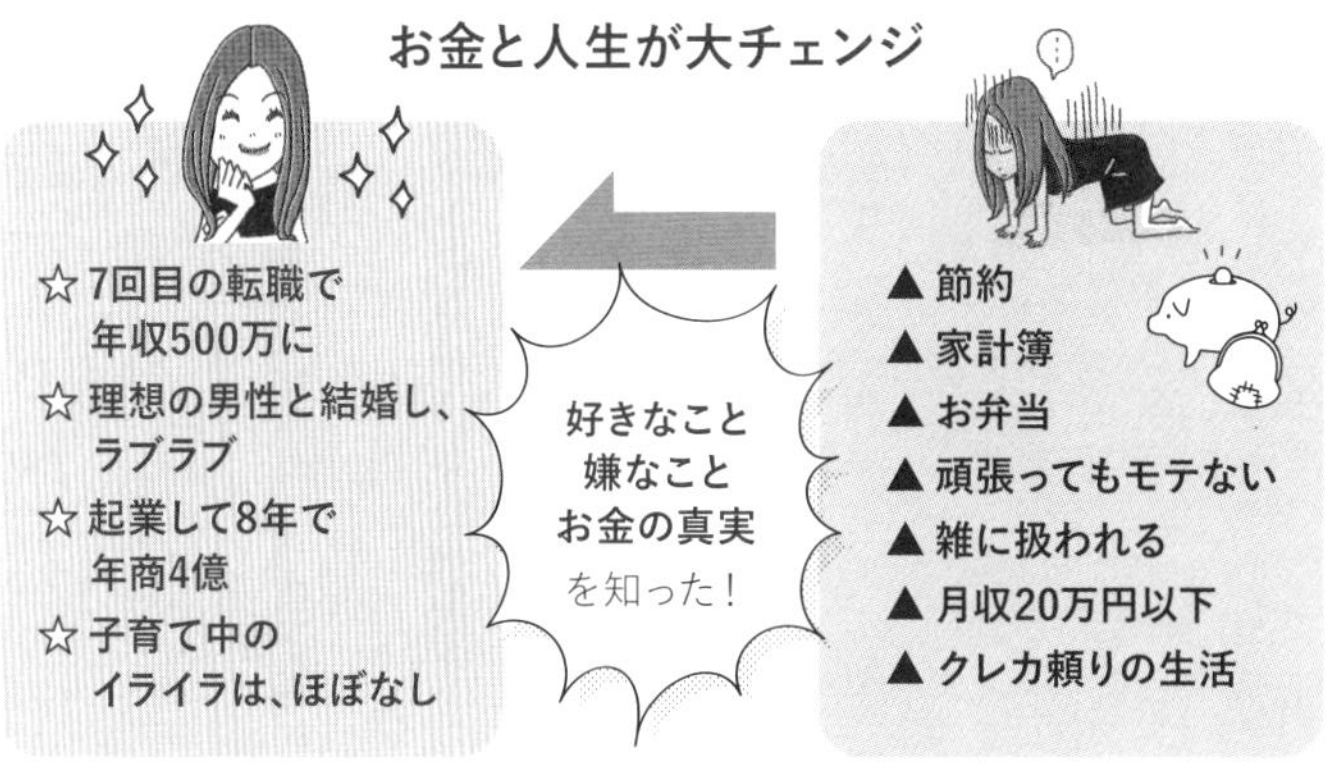
お金と人生が大チェンジ
…
▲節約
▲家計簿
▲お弁当
▲頑張ってもモテない
▲雑に扱われる
▲月収20万円以下
▲クレカ頼りの生活
好きなこと
嫌なこと
お金の真実
を知った！
☆7回目の転職で
年収500万に
☆理想の男性と結婚し、
ラブラブ
☆起業して8年で
年商4億
☆子育て中の
イライラは、ほぼなし

年収がどんどん増え、40歳になった今年はついに年商4億円を突破しました。

自分で言うのもなんですが、いわゆるお金持ち、富裕層と呼ばれる部類の仲間入りをしてしまったのです。

現在は自分の会社を日本とドバイで2つ経営し、最愛の夫、8歳と3歳の子ども達と共に、ドバイで暮らしています。

好きなことでお金をたくさん稼ぎ、お金で何かを我慢することがない人生を謳歌できるようになりました。


そんな私が、お金に悩んでいた過去の自分に思うこと。それは、

「お金に関して、全部間違ってたね！」

ということ（汗）

お金持ちとそうじゃない人というのは、具体的に持っているお金の額が違うのではなく、お金に対するマインドや物事の捉え方がまったく違ったのです。

私は何か特別な才能があったからじゃなく、「お金に対する捉え方を変えたこと」で、

お金に恵まれるようになりました。

「人生、お金が全てではない」

確かにそうです。

でもお金さえあれば、人生の悩みの大半は解決してしまうことも事実。

- **「仕事が苦痛」→お金があればそもそも嫌な仕事はしなくていい**
- **「家族とうまくいかない」→環境や外注にお金を使うことで大半が解消**
- **「綺麗になりたい」→美容や外見にお金をかければ「綺麗」は作れる**

家族をはじめとした、大切な人達を幸せにするためにも、お金はとっても大切です。

お金があれば、幸せな経験を一緒にたくさん共有できます。

周りに困っている人がいたら手を差し伸べることだってできます。

さらに「やりたいことがない」という悩みですら、お金さえあれば大半は解決するのです。だって、もし目の前に10億円があったら、やりたいことなんて無限に出てくるのではないでしょうか。

つまり、女性の悩みの大半は、お金さえあれば解決してしまうことが多い。

10年前にこのことに気がついた私は、そこから真剣にお金と向き合い、お金を正しく稼ぎ、そして正しく使うことに対し、体を張って取り組んできました。

そして自分だけではなく、その方法や仕組みをたくさんの女性達に伝えてきました。

その結果、現在では１７００名以上となった講座生。私の講座に参加したことがきっかけで、何もないゼロから月に１００万円稼ぐようになった、なんてことはザラ。

年に数千万円〜1億円以上を稼ぐようになった女性もたくさんいます。


もともと私も彼女達も、何か特別な才能があったわけではありません。

少なくとも出会った当初は、ほぼ全員が「自分には何も才能がないから、お金持ちにはなれない」と悩んでいました。

でもそこから**自分自身やお金と真剣に向き合うことで、豊かになっていった**のです。


そのなかで何度も痛感しているのは、かつての私を含め、日本の女性の基本的な「お金に対する考え方」が、初期状態では「全て間違っている」ということ。

全て!?とびっくりしたかもしれませんが、はい、全てです（笑）

お金の使い方も稼ぎ方も、何もかもが全て間違っていたんです。

今の私は、年に4億円以上を稼ぎつつも、その年に全て使い切るという、一般的に考えたらありえないくらい、たくさんのお金に満たされた人生を送っています。

私のお金の使い方を見て「そんなに使って、なくなったらどうするんですか⁉」とびっくりされることも多々。

でも私は、いつからでも、どんな状態からでも、またお金をいくらでも生み出していけることを確信しているため、お金を使う怖さがほとんどありません。

それは私が10年以上、何度もお金がなくなりながらも、全力で体を張って、お金の真実を学んできたから！

先ほども書きましたが、**豊かな人とそうじゃない人というのは、具体的に持っているお金の額ではなく、お金に対するマインドや物事の捉え方がまったく違うのです。**

そして、それは世間で正しいとされていることとは真逆だったりします。

給料も安く、特別な才能も、裕福な実家もなく、ハイスペ男性とも結婚できないからお金持ちになんてなれないと、かつては思っていた私。

でも最初は10万円を自分で稼ぐところから始まり、１００万、１０００万、５０００万、1億、4億……と、段階的に稼ぎ、使ってきたからこそ、わかったことがあります。

それは、**今がどんな状態であっても、自分次第で豊かになっていくことは誰にでも可能**、ということ！　私だけじゃなく、私と出会ったことで何千万も稼ぐようになったたくさんの女性達が生き証人です。

この本は、過去の私が囚われていた、そして今でも多くの日本の女性が囚われている「お金の呪い」から、女性達を解放するために書きました。

さあ、次はあなたの番です。

お金に対する間違った思い込みをなくし、お金の真実を知り、一緒に豊かな人生を手に入れましょう！

目次

第2章
好きなものを我慢しない生き方はできる！
～今と今後の人生が変わる、お金と時間の使い方

第3章
あなただって夢じゃない！
お金にノーストレスな人生の第一歩とは

第4章

気付かず搾取される中で、できること

第5章

会社員のままでもできるお金を増やす準備とヒント

第6章

「お金持ちマインド×あさぎ流」で満たされ人生

装丁……加藤愛子（オフィスキントン）
カバー・本文イラスト…すぎやまえみこ
図版……山本奈央（SPICELAB）
DTP……ベクトル印刷
編集……大石聡子
構成……竹内葉子

第1章

「貯金・節約・清貧こそ善」は女子への呪い

3ヶ月後
あれ？
B子先輩、今日のランチ、豪華だしオシャレ
おしゃれデリランチボックス
実は、お金の悩みについてなんとかしようと思ってね、本を読んだり、講座を受けたりしてるの
そしたら〝貯金&節約は偉くない〟っていう説があって！
コレよ
じゃーん
男
金
夢
本日のテーマ「金」
からの
どーん
小田桐あさぎ
嫌なこと全部やめたらすごかった
仕事・結婚・育児の両立はすでに無理ゲーだった
小田桐あさぎ
「私、ちゃんとしなきゃ」から卒業する本
仕事・恋愛・結婚・お金 結局すべて持っていくのは〝好きに生きてる女子〟なのよ
なんですか、それ!? 怪しくないですか!?
ちょちょちょっと

〝好きなものを我慢しない生き方はできる！〟
って知ったから、私も実践してみることにしたの♪
まぶしい……
でも、そんなことしたら、お金なくなって怖くなりません？
好き!! 欲しい!!
あれもこれも好き!! 欲しいっ
それがね、そうとも限らないのよ…♡
ふふふ♡
え!? 私も知りたい！
いや…
でも節約できる子じゃないと、婚活では選ばれないですよね？
結婚後も、旦那さんと気まずくなりません？
あれもこれも欲しいっ
買うっ
金使いが荒い妻はイヤだ
夫
それもどうやら、違ったのよー♪
ふふふ♡
知りたいっ
え〜〜〜??

お金の「こじらせ暗黒期」と意外な転機

はい、ここでB子さんが持ち出した本を書いたのは、何を隠そうこの私です。

ここからあなたにも、お金の悩みを解きほぐす、第一歩をお伝えしていきますね。

まずは改めて、私のお金にまつわるスーパーこじらせ暗黒期と、お金の呪いから解放されたきっかけをご紹介したいと思います。

① 手取り14万円でニート彼氏と同棲

それは私が進学校を卒業したのに大学へ行かず、18歳で社会人生活をスタートさせた頃。厳しくて口うるさい母がいる実家での暮らしに嫌気がさし、一つ年上の彼氏と駆け落ちのような形で同棲をしていたのですが、当時の私はおそらく日本でもかなり上位レベルの極貧を極めてました（笑）

●給料は手取り14万円
●ニートの彼氏と同棲し二人分の生活費を賄う
●シャワーが出ない家賃4万円のボロアパート（神奈川県郊外）
●お米が高くて買えず主食は百均のパスタ（具はナシ。塩胡椒のみ）

必死で切り詰めているのに、月収14万円では二人での生活費はいつもマイナス（泣）

給料日１週間前にはいつも千円単位のお金すらない。

月末はカードローンや、アコムなどの消費者金融も駆使して常に自転車操業。

家計簿をつけながら、数日前に百円でヘアゴムを購入したことを後悔して、反省したりしているレベルでした。

果ては自分の私物や制服を渋谷の某ショップで売り捌いたり。

が、どんなに切り詰めて頑張っても、ニートの彼氏がすぐパチンコに使ってしまうため、家計はいつも火の車。もちろん彼氏とは毎日、お金のことで大喧嘩（泣）
結局、風邪を引いても病院にも行けず、栄養失調で１ヶ月間以上寝込んでいる姿を親に見つかり、実家へ戻るハメに。

なのに同棲をやめてからもずっと彼氏にパチンコ代を貸したりしていたため、自分のカードローンはどんどんふくらんでいき、最終的には総額２００万円。

「このままじゃいけない！」と自分の給料を上げるため、自分なりに留学したり、資格を取ったり、手に職をつけたり。

でも、どの仕事も長続きせず、20代前半で転職回数はすでに6回。

何をどう頑張っても手取りが20万円を超えることはなく、毎月の生活費と借金の支払いでずっとお金がない状態でした。

「ならば結婚で一発逆転するしかない！」

と、合コンや出会い系サイトでめちゃくちゃ頑張って婚活。

でも1年間、必死で婚活してたくさんの男性とデートしたのに、一度目のデート後は既読スルーの嵐。二度目のデートに誘われたのはたった一回だけという非モテ具合で、ハイスペ男性との結婚からの一発逆転もできず、途方に暮れていました。

② 嫌なことやめたら、お金もモテも好転

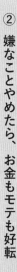

●仕事もうまくいかない、婚活もうまくいかない
●実家も裕福じゃなければ、特別な才能もない
●私は、もう一生、貧乏なままなんだな……
しばらく落ち込んでいるうちに、こう考えるようになりました。


「どうせ頑張っても仕事も結婚もうまくいかないなら、もう一人で好きに生きよう!!」

そして、仕事も婚活も頑張るのをやめて、開き直って生きるようになりました。


手に職をつけるために頑張っていた仕事はなるべく手を抜くようになり、上司の目を盗みながら勤務時間中はネトゲに没頭。

真面目に婚活するのをやめ、やってみたかったホステスのバイトをスタート。

自炊や家計簿など、節約のための努力もやめて、好きにお金を使うようになりました。

頑張って良妻賢母を目指すのは、もうやめたのです。


20代後半で、一見「そんなんで大丈夫!?」と思うような生き方に変えたわけですが……

なんと、これが私が「お金持ち」としての第一歩を踏み出す、まさかの転機に。

ある日、もっと楽でサボれる仕事を探すため転職サイトに登録。その結果、7回目の転職をしたのですが、これが今までは就いたことのない営業職でした。

それまで「自分には事務職しかできない、営業なんてゴリゴリの仕事やりたくない」、と思っていた私。

でもそこの社長と面談したら、**「なんか面白そう！」と感じてしまったのです。**

出張や接待も多そうだし、ますます婚期が遅れそう、しかもそろそろ結婚・出産したいのにこのタイミングで転職したら育休とかどうなるの？と、いろいろ不安なことはありましたが、**自分の中のワクワクした直感を信じて**転職を決めました。

結果、この会社での営業職が私にとって最初の「天職」となり、31歳になる頃には年収が500万円に！　これでやっと、いい大学を出て、いい会社に勤めてる同級生達を少しは見返せる！と、とても嬉しかったです（笑）

思えばこのときに、私は人生で初めて、お金と向き合い始めたのです。

私はそれまで、職場から貰える自分の給料に関して、まったくの受け身でした。

でもそこから、本業の営業でも、ホステスの仕事でも「どうしたらもっと収入が上がるか？」を真剣に考えて実践し、自発的に働き方を変えてみたり、給与交渉を頑張ってみたり。収入を自力で上げるために行動していきました。

すると、収入がどんどん増えて、30代前半の年収は合わせて７００万円ほどに。

また今まで見ないふりをしていた借金の残高や金利などを全て洗い出し、返済予定を初めて明確にしてみたのです。その結果、借金も着実に返せるように！

さらにプライベートでも嫌なことをやめ、毎日を

当時のカードローン200万円の内訳

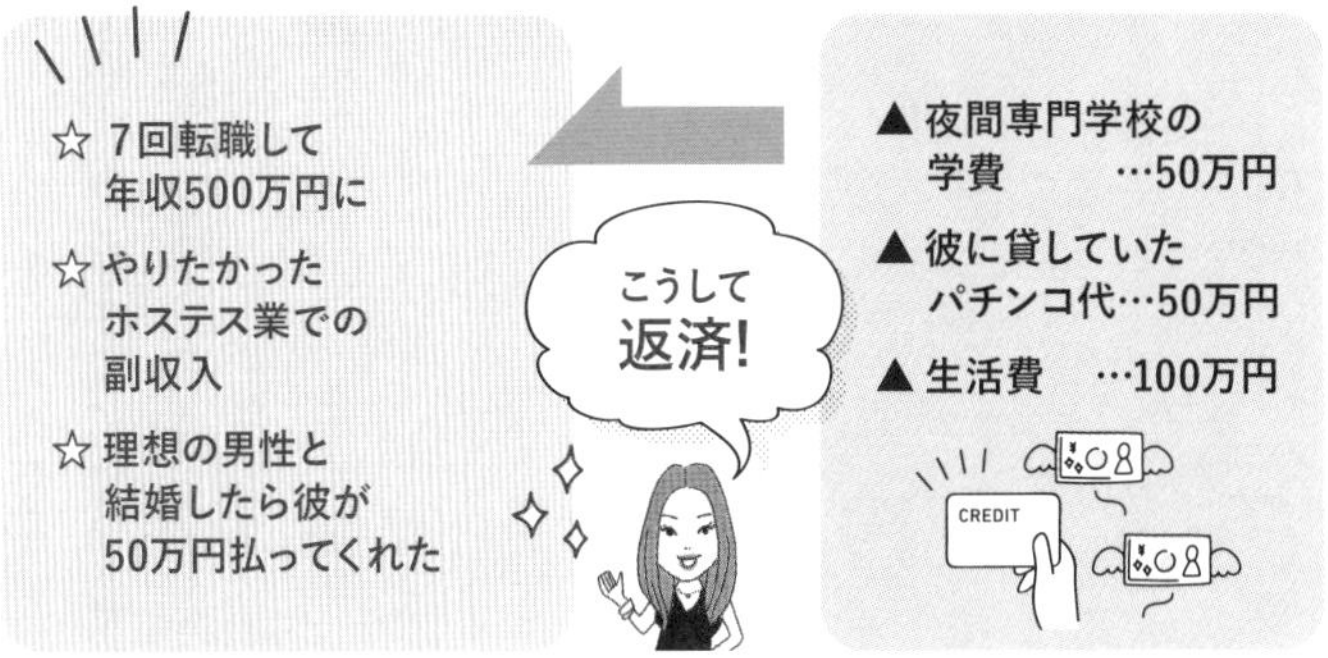
▲夜間専門学校の学費　…50万円
▲彼に貸していたパチンコ代…50万円
▲生活費　…100万円
CREDIT
こうして返済!
☆7回転職して年収500万円に
☆やりたかったホステス業での副収入
☆理想の男性と結婚したら彼が50万円払ってくれた

楽しく過ごしていたら、どんどんモテるようにもなりました。

昔の私だったら考えられないくらいに素敵なハイスペ男性達から、次々とプロポーズされたんです！（余談ですが私は当時、三人の男性と同時に付き合ってました）

結局、理想の男性リストというものを80項目にわたって作り、そこに100％マッチしていた今の夫と出会って2週間で結婚することになりました。

その時点で最後に残っていた借金50万円も夫が支払ってくれて、10年以上抱えていた借金を無事に完済できたのです。（ちなみに夫はハイスペではありません）

③ 副業!? 有料イベント!? 私にはムリ

女性でも営業で結果を出すことができるんだ！

給料って、自分次第で増やすことができるんだ！

これが私が最初に「お金の呪い」から解放された出来事でした。

【お金の呪い打破その1】給料は決まっているものではなく、交渉次第で上がる

そしてどんどん出世して収入が上がっていくなか、私は社長になることを夢見るようになりました。日本では、女性社長はかなり珍しいため、目指す女性なんてほとんどいないですよね。でも当時の私は、自分次第ではそれも実現可能なのでは？と思えるようになっていたのです。

なぜなら勤務先の本社は、世界中に支店を持つフィンランドの会社。北欧諸国には子どもを三人育てながら社長を務めるくらいパワフルな女性がたくさんいるんです。

特にフィンランドは世界的にジェンダーギャップがほとんどない国で、10年以上連続で世界トップファイブ。（ちなみに日本は２０２３年で世界１２５位。ジェンダーギャップがとても大きい環境です）

それまでの私は、**女性は結婚して子どもができたら、その後のキャリアは諦めるしかないと思っていました。**でも北欧の女性達をみているうちに、もしかして自分次第でなんとかなるのでは？と思い始めたのです。

その会社で一番給料がいいのは社長で、年収2千万円。

まずはここを目指してみようと思いました。

けれども結婚して4年目に一人目を妊娠し、1年間の育休に入った頃、再び悩むことになります。

- 本当に出産後も今まで通り、楽しく働いていけるんだろうか？
- 産後はやっぱり数年間は時短勤務じゃないと家庭と両立できないのでは？
- でもそしたら、社長の椅子が遠のいてしまう……
- 育休手当が出るとはいえ、普段より収入が下がることも不安……

北欧でパワフルに活躍する女性達には、それを実現させられる、国や社会の制度がたくさんあります。でも日本で、普通の女性として働く私には、そこまで手厚いサポートは期待できません。


当時、私がいた日本の建設業界には、出産後も出産前と変わらずバリバリ働いている女性なんて、ほとんどいませんでした。

みんな退職したり、パートや時短勤務に切り替えるなどして、第一線から離れるのが

一般的だったんです。

ごく稀に、子どもがいてもバリバリ働いてる女性はいましたが、大抵、子どもの面倒を全てみてくれる実家や、育児に協力的な配偶者の姿がありました。

しかしながら当時の私は

- 両親に借りを作るのが嫌だったため、頼りたくない
- 夫も毎日終電近くに帰宅するほど仕事が多忙だったので、頼れない
- なんとか自分だけの力で、楽しく仕事と育児を両立できないか？
- きっと日本でもどこかに必ずそういう女性がいるはず
- そういう女性に出会いたい！話を聞きたい！

こう考え、仕事と育児の両立を模索するブログを自ら始めることにしました。

自分から「こういうことを知りたいです」と全世界に向けて声をあげれば、情報が集まってくるのでは？と思ったのです。

私のブログの最初の記事に、こんな一文があります。

——仕事、家庭、育児、自分。

全てを犠牲にせず楽しく両立し、自分が一番幸せでいられる姿を模索したい。

そんな思いから、まずは自分の気持ちを発信することを決意しました。

そして楽しい仕事と育児の両立には、まずは良好な夫婦関係が必須だという結論に自分の中で辿り着き、まずは「良いパートナーの選び方」から書き始めることに。

前述した通り、私は非モテからモテる自分に変わり、理想１００％の男性と結婚していました。なので、**このノウハウを知ったら幸せになる女性がたくさん増えるんじゃないか？と。**

そしたら!!

なんとその恋愛論が話題となり、たちまち人気ブログに。

ブログ読者の方から毎日のように恋愛相談が届くようになりました。

長文で届く相談に、こちらも長文で真剣に返信していたら、何度かのやり取りのあとに大抵、こう聞かれるようになりました。「有料でもいいので、直接会って相談できないですか？」「セミナーを開催する予定はないですか？」。でも……

- 無料でのブログ発信ならまだしも、有料でのセミナー開催なんて……
- そんなこと、自分にできるわけがない！
- お金を払ってまで私の話を聞きにくる人なんて、いるわけない！

そう思った私は、**最初めちゃくちゃ拒否反応が出ました。**

ただ、私の周りにはブログからビジネスを始めた女性がすでに何人かいたので、どうしたらいいか相談をしてみました。すると、そのうちの一人から「一緒にセミナーを開催しましょう」という提案をいただいたのです。

彼女が「セミナーを全てプロデュースするよ！　あさぎさんなら大丈夫！」と熱く説得してくれたため、不安ながらもチャレンジしてみることに決めました。

しかし、肝心のセミナー費用をいくらにするか？でまた熱い攻防戦に（笑）

私「2千円くらいですかね」
友「5千円は貰わないと！」
私「……!?　そんなに貰えないですよ！」
友「いやいやさすがにそれは採算が取れないんで！」

最終的に3千円でお互い合意するまで、1週間くらいは値下げ交渉を粘りました（笑）

自分のセミナーに3千円なんて大金払う人はいないと思っていたし、それでお金を貰うことなんて想像も出来ず。

でも自分より経験がある彼女の「大丈夫！」という言葉を信じ、怖さと恥ずかしさで泣きそうになりながらも、自分のブログでセミナー参加者を募集してみました。

そしたらなんと、20名ほどの方が参加を決めてくれたのです。

また彼女の手配で、このセミナーの動画も販売したため、結果的に私は10万円ほどの収益を得ることができました。たった2時間、自分の恋愛論を好き勝手に話しただけで、10万円ものお金が貰えるなんて!!

私が人生で初めて、給料以外のまとまったお金を手にした瞬間でした。

【お金の呪い打破その2】お金は給料で貰うだけでなく自分でも作れる

これがきっかけとなり、私は自分自身でも対面コンサルやセミナーを定期的に開催。週末は夫に育児を任せ、対面コンサルの仕事をしていました。

その後、「定期的にコンサルを受けたい」というお客様の希望から、数ヶ月単位の講座を開始。ブログなどで募集したら、何人もの女性が参加を決めてくれました。

その後、本格的にこの仕事にコミットすることを決め、会社を退職。

起業してからはさらに真剣にビジネスに取り組むようになり、当時20万円程度だった長期講座を毎月数人に販売することで、0歳児を抱えながらでも毎月100万円くらいならコンスタントに稼げるようになっていきました。

【お金の呪い打破その3】子どもがいても工夫次第で収入を上げることはできる

……が、自分の力で少しは稼げるようになったものの……実は使う方に関しては、染みついた貧乏マインドからなかなか抜け出すことができませんでした。

④もったいなくてお風呂が沸かせない！

当時の私は、洋服代や美容代に自分のお金をかけるのがもったいなさすぎて、母親のお下がりのワンピースを着ていたほど。

さすがに自分の服を買おう！と思い立ってみたものの、会社員時代は毎日、ユニクロのシャツとスーツだけで着回していた私は、何をどこで買えばいいのか見当もつかず。

仕方ないので、母に付き合ってもらい、初めてH&Mに足を踏み入れ、服を見繕ってもらいました。この服が当時、私が唯一、自分のお金で購入したオシャレ着で、購入するのにとてもドキドキしたことを覚えています。

当時すでに月に100万円以上は稼いでいたのに、**自分自身にお金を使うのが、とても怖かった**のです。また美容にお金を使うのも怖かったので、当時の私はエステサロンなんて足を踏み入れたこともありませんでした。

でも講座生だった美容家のミウラアイさんが、自身の大人気サロンで無料で施術してくれるというので、これもドキドキしながら体験に。

そのときアイさんから「美容効果も疲れの取れ方も全然違うので、5分でいいのでぜひ湯船に入ってください」と言われたのですが……

「たった5分のためにお湯を沸かして捨てるの、超絶もったいないじゃん!?」

と、ものすごい拒絶反応が起きました。

冷静に考えれば、お湯を一回沸かすのにかかる費用なんてたぶん100円かそこら。

でも極貧生活が板につきまくっていた私は、「節約できるお金は全て節約するのが正しい」と信じ込んでいたため、その100円すらMOTTAINAI!と自分に禁じていたのです。

というか、節約が当たり前すぎて、禁じている自覚すらありませんでした。

そして自分のなかに「最低30分くらい浸かれないなら、もったいないからお風呂は沸かさない」という謎のルールがあったことに気がつきました。

このとき、私はかなりショックを受けました。

「私って、自分の疲労回復や美容に100円の価値すらないと思ってたのか!」

「自分自身にどれだけお金を使えるか?」には、「自分が自分自身に感じている価値」が色濃く反映されます。

つまり当時の私は、**自分を癒すのに100円の価値すらないと思ってた**ということ。

そこで猛省し、不安の解消にお金を使うのではなく、少しずつ**自分を幸せにするお金の使い方をし始めることにしました。**

最初は、前述の「お風呂にお湯を溜める」ところから始まり、スーパーで少しいい調味料を値段を見ずに買ってみたり、お洋服もお下がりやプチプラではなく、ファッションビルなどに入っているお店に足を踏み入れてみたり……。

最初は全てドキドキでしたが、そのくらいのことに費用をかけてみたところで、お金はほとんど減りませんでした。

そして、**自分を喜ばせるためにお金を使うことができると、とても幸せを感じることができる**ということにも気がつきました。

そしてその幸せな気持ちから「またお金を稼ごう！」という前向きな気持ちが生まれて、楽しく仕事に取り組めるようになり、**さらに収入が上がる**ということがわかったの

です。

まずは、自分を幸せにするお金の使い方をして、幸せなエネルギーで自分を満たして、そのエネルギーでまた幸せにお金を稼ぐ。

このループを自分自身で実感したことで、私は初めて正しいお金の使い方を知ることができました。

【お金の呪い打破その4】お金は不安の解消にではなく、自分を幸せにするために使う

私たち日本の女子は、お金の呪いにかかってる

私の体験談から感じていただけたかと思いますが、日本の女性達は、社会からたくさんの「お金の呪い」をかけられています。私が自分の体を張って見つけてきた、お金の呪いとお金の真実。さらに紹介していきますね。

日本では、お金は「会社が決めた給料として貰うもの」だと多くの人が考えています。だから、より良い給料を貰うために、良い成績をとって、良い大学を出て、大きな会社に入って、仕事を頑張る。

……ということは、いい大学出てない時点で終〜了〜！

小田桐、アウト〜！（↑ぜひ「ガキ使」のイントネーションで・笑）

でも、いい会社に入って、死ぬほど努力したとしても、日本の会社員では年収1000万円くらいがほぼ上限です。

そもそも働いて年収1000万円貰えるかどうかって、どの会社に勤めるかの時点でだいたい決まってしまう。

っていうか、そういうことすら知らない人も多いですよね。私はそうでした。

日本では、親も学校もマスコミも、そういうことを何も教えてくれません。なぜなら親をはじめとする大人達ですら、そんなことは知らないからです。知らないから教えられない。大人がお金に向き合ってないのに、子どもがお金に向き合えるはずありません。

また日本の社会は、お金の話や稼ぐ話をすると、後ろめたさやはしたなさを感じる傾向があります。**「ほどほどの幸せでいい」「○○な人達に比べたら私は幸せ」「恵まれている」とみんな思いがち。**

「お金を欲しい」と話すことは、みっともない。思うことすら、はしたない、ってされてますよね。

例えば

● 上司に「私の給料どうやったら上がるの?」「給料上げてください!」とか
● 婚活市場で「収入はいくら? 貯金は? 親は裕福?」とか
● 同僚に「ボーナスいくらだった? 家のローン毎月いくら?」とか

ほんとはめちゃめちゃ気になるのに、話しちゃダメな空気感がいっぱい。

あと、母親に「お父さんの年収いくら?」って聞いても教えてくれないし、うやむやにされる人がほとんどじゃないでしょうか。

このように、日本社会にはお金に対するタブーがはびこっていて、

● 人に年収や資産を聞くのは下世話だし、
● 給料上げて欲しい!って言うのは強欲だし、
● そのために積極的に行動するのは、はしたない

こんな風に考えている人がとても多いのです。

多くの人と同様に、私も「お金の話=はしたない」「お金=よくわかんない怖いもの」というイメージを抱いていました。

日本社会は〝お金に向き合えない〟ように作られています。

お金持ちに稼ぐ方法を聞いてはいけないし、聞けないから知識も増えない。
そもそもお金に向き合う風潮がない、向き合う必要性すら、誰も教えてくれない。
学校でもお金の勉強なんてしないですよね。

むしろ私達は、「お金を大事と思わせない教育」をずっとされてきています。

住宅ローン、貯金、定期預金、毎月の給与明細……。
〝お金のことはなるべく考えずに生きようね〟
〝お金はあなたじゃなく誰かが決めてくれるもの〟
〝お上が決めるから庶民は考えなくてもいいんだよ〟

っていうサブリミナルがはびこってるの、気づいてます？
税金いくら取られてるかめっちゃわかりにくくなってるの、気づいてます？
あれ、わざと考えなくさせられてるの、気づいてます――？

アメリカみたいに全員が自分で確定申告すれば「私200万円も税金に払ってんの!?」って痛感するのに、日本の会社員は、毎月毎月勝手に引かれて、年末調整でちょっとだけ返されるくらいなので、税金を意識しなくなりますよね。

私達は国から、「お金のことを考えないように」仕向けられているんです。考えちゃダメ！っていう呪いをかけられているんです。

【お金の呪い打破その5】「お金の話＝はしたない」という思い込みをやめる

話は戻りますが、私がニート彼氏と同棲し、彼のパチンコ代で借金がふくらんでいた頃のエピソードに、こう感じた方も多いんじゃないでしょうか？

「なぜそんな彼氏と付き合ってたの？」と（笑）

これは私が悲しいほどモテなかったからというのも、もちろん理由の一つなのですが、もう一つ、大きな理由があります。

実は当時の私はいつも、自分にこんなことを問いかけていたのです。

● 自由とお金、どっちを取る？

● 愛とお金、どっちを取る？

そして「私は間違いなく自由と愛を取る！」と思ってました。

実家には厳しい母親がいたので、「実家に戻るよりも、自由な人生を生きたい」「今はこんな彼でも、いつか成功してお金持ちになって、私を幸せにしてくれるはず」と。

もし今、当時の私に会うことがあったなら、私は彼女の肩を揺さぶりながら「目を覚ませ!!」と喝を入れるに違いありません。

え、自由よりも愛よりも、お金を取れということ!?

いいえ、そうではありません。

お金と何かを比較すること自体が、そもそも間違っていたのです。

今の私はこう考えます。「愛も自由もお金も全て、同じくらい大切」

愛情たっぷりで、思いっきり自由で、お金もたくさんある。

これが一番いいに決まってる！！！！　それがお金持ちの考え方です。


また以前の私は「やりがいがあるけど収入が低い仕事」と「つまらないけど安定した収入の仕事」のどちらかしか選べないとも思っていました。

「全部取るなんてそんなの無理！」と、目指す前から諦めてしまっていたのです。

でも、実際に私が一番稼げたのは、自分の長期講座を主催するという**「やりがいもあって、高収益な仕事」。最初からこれを狙って取りに行くのが必要だった**んだと、このときに初めてわかりました。

- **「これが欲しい」「こんなことをしたい」、そんな気持ちと**
- **「お金がない」「お金がもったいない」という気持ち**

これをずっと、どちらかしか取れない！と決めつけて生きてる限り、お金持ちにはなれません。片方しか取れない、片方は諦めるという考え方をやめて「全てを総取り」できる方法を考える。それこそがお金持ちの基本姿勢でした。

【お金の呪い打破その6】お金は何かとトレードオフじゃなく、同時に取りに行くもの

また女性の場合は、男性と比べて収入が低いことも一般的には多いですよね。

だからこそ、女性がお金持ちになりたいなら、やっぱり好条件な男性と結婚しないと……。

そして子どもを産み、安定した生活を送る。それが女性の幸せ、目指す道……。

日本に色濃く残るこの思考。以前の私もそれが常識で、一般的な生活を送れる唯一の方法だと信じて疑いませんでした。

そして、私も婚活ルックに身を包み、ハイスペ男性と結婚すべく、婚活に励んでいました。主な話題

日本に色濃く残る思考
良い成績をとって、良い大学を出て、
大きな会社に入って、好条件な男性と結婚して、
子どもを産み、安定した生活を送る。
それが女性の幸せ……
これが実は呪い！
アップデートしないと
日本の女性は苦労するだけ！

は「私がいかに良妻賢母を目指して頑張って生きているか?」

でも1年間めちゃくちゃ頑張ったのにまったくモテませんでした。

今ならその理由がわかります。日本の男性というのは、毎日めちゃくちゃ頑張って、めちゃくちゃ疲れています。なのに、そんな彼らに対して

「自分はこんなに頑張ってるんだから、自分を労え! 自分と結婚しろ!」

こんなテンションでくる女性がモテるはずありません。むしろ、癒してほしいのは彼らのほう。頑張ってるね!を言わせる女より、頑張ってるね!と言ってくれる女のほうがモテるのです。

また私は夫と出会うまで〝女性は男性より稼いじゃいけない呪い〟にもかかっていました。知らず知らずのうちに、お金は男性に頼るもの、頼らなければいけないものだと思い込んでいたのです。

● 稼ぐ女はモテない。可愛くない
● 夫より稼いでしまったら、夫が自信を無くしてしまう
● 男を立てるのが、いい女

これも完全に呪いです。

もちろん過去の日本にはそういう時代もありました。

私達の祖父母や両親は、女性は家にいるのが一般的な時代を生きています。


でも時代は変わりました。

これからは、女性であっても、自分次第で幸せにお金を稼ぎ、さらにたくさん愛されることは可能です。今の時代は男性側にも、一家全員を一人で養う余裕がある人は少なく、女性にも稼いでほしいと考えている人がとても多い。


まあ、今でこそこう考えている私ですが、何を隠そう以前は私自身が
「夫より稼いだら、夫婦関係がうまくいかなくなるのではないか⁉」

と思い込んでいました。

それを当時のメンターに相談したところ、こんな答えが返ってきたのです。

「普通に考えて、お金があった方が夫婦喧嘩の種って確実に減るよね？」

これを聞いて私は「間違いない‼」と衝撃を受けました。

そして実際に夫に「私の方が稼いだらイヤ？」って聞いてみたところ、まさかの大歓

迎だったのです（笑）

同じことを無意識に考えてしまっている人は多いものですが、私は必ず「一度、パートナーにイヤか聞いてみたら？」と伝えています。

で、実際に聞いてみて「イヤだ」と言われたというケースは、今までのところ一つもありません。この思い込みがある方は、まずは彼氏や旦那さんに一度聞いてみることをおすすめします。

【お金の呪い打破その7】男性より稼いだらダメ！というのは嘘

このように、私達日本の女性というのは、たくさんの「お金の呪い」をかけられてきています。その結果、「お金に対する自信」が地に落ち、不安が生まれているのです。

次は、それをもう少し詳しく解説しますね！

ずっとお金に不安なのは、なぜ？

いまだに女性は「誰かのモノ」「誰かのため」

私たち日本人女性の、お金に対する自信のなさ、不安。

その背景には、呪いがあるとお伝えしましたが、詳しく解説すると、こんな価値観（という呪い）が植え付けられているのが現状です。

- なるべく良い大学に入れるように勉強を頑張るのがいい
- 良い会社に入れるよう、ちゃんと就活しなきゃ
- ただ、就職しても女性は自分の力で年収を上げたり豊かになるのは難しい
- だから稼いでくれる男性に見初められるよう、自分磨きや婚活に励むべし
- 結婚したら夫の年収が上がるよう、夫のお世話や家事育児も頑張る
- 子どもができたら、その子が将来稼げるよう、塾や習い事など、子どもに尽くす

●介護も、夫や子どもが仕事や学業に専念できるよう、妻が担うのがいい
●家庭のお金が円滑にまわり、貯金もできるよう、倹約家な妻が理想的

このように世間では、夫や子どもの邪魔をしないようにサポートを頑張る女性が、良い妻だと思われていますよね。

でも冷静に考えてみてください。

これって、ずっと「自分以外の誰か」のためにある人生ではないですか？

今の世の中では、

「女性が結婚したあとお金持ちになれる可能性があるとしたら、その方法はお金持ちの男性と結婚した場合のみ」

と、男性も女性も無意識に刷り込まれています。

それゆえ「稼ぐのは男性の仕事」という意識が、男女共に根強く残ってしまっているのです。

だから男性が仕事を頑張れるように家事や育児を頑張るのがいい女性だと、みんなが認識しています。

そして男性のワンオペなんてほとんどないのに、女性のワンオペはよくある話、みたいな風潮ができています。

でも実は、妻に対して「俺が稼いでるんだから黙って家事をやれ」と思っている夫は意外と少ないんですよね。

家事と育児の分担についてのあるアンケートでは、男性は「家事育児に取り組みたい」、女性も「夫に取り組んでほしい」と答えています。

だけど、実際に家事育児など無償労働に費やしてる時間は、次ページの図のような差が！

実際、夫に対して「残業なんてしないで早く帰って家事をやってよ」と思ってる女性は少なくて、

●女性は自分が家事育児をワンオペするのは嫌だと思っているけれど、

●一方、夫に残業を減らしてまで家事育児してほしいとは思っていない
●夫も、家事育児をするより仕事を頑張って家族を養わないと！と思っている

つまり男女共に無意識で「稼ぐのは男性の仕事」と、思ってしまっています。

女性が「お金に自信がない」のは、このように自分の人生の「お金に関する舵取り」を、他人に取られてしまっているからなのです。

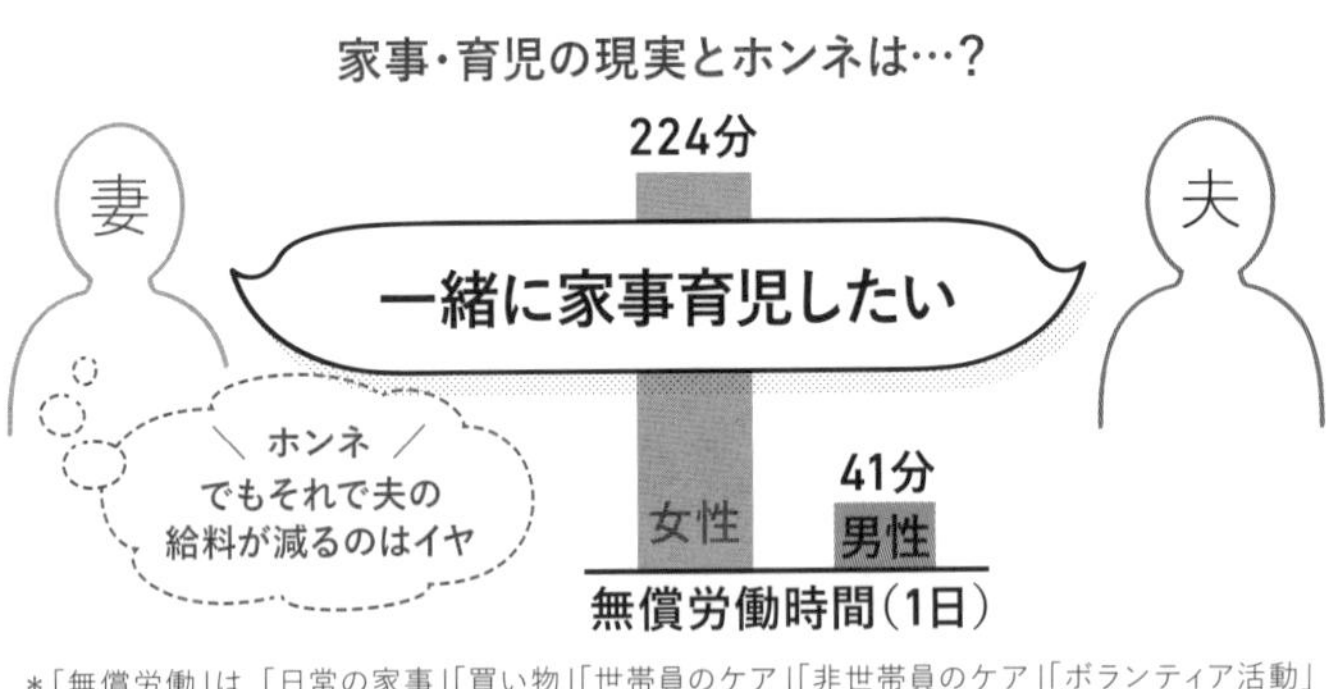

家事・育児の現実とホンネは…？
224分
妻
夫
一緒に家事育児したい
＼ ホンネ ／
でもそれで夫の
給料が減るのはイヤ
41分
女性
男性
無償労働時間（1日）

＊「無償労働」は、「日常の家事」「買い物」「世帯員のケア」「非世帯員のケア」「ボランティア活動」「家事関連活動のための移動」「その他の無償労働」の時間の合計。＊調査は2009年～2018年の間に実施
（出典：男女共同参画白書 令和2年版「男女別に見た生活時間（週全体平均）」

女子は稼いでも「無意識の我慢」が初期設定

私が最後に勤めていた北欧系の会社は、日本では建設業界に属していました。日本の建設業界というのは男女格差が激しく、当時、就業者の99％は男性という圧倒的な男性社会で、管理職女性は会社に一人レベル。

業界として女性推進も頑張ろうとしていたのですが、やはり常識が全然違っていたので、なかなか進んでいないのが現状でした。

そんななか、同業者との会話でびっくりしたエピソードがあります。

ある建設会社の管理職の女性が、「最近の若手男性はゆるい」という話をしていたのです。詳しく聞くと、「若手男性社員から『子どもが熱を出したから半休取得して病院に行ってくる』という連絡がきた」と。その連絡を受けた部署内は騒然。

「子どもの熱ごときで半休取るって、どうなの!?」「奥さんは何してるの!?」などの言葉が飛び交い、最終的には「今後はそういう世の中になっていくのかもしれないね〜」と呆れながらも結論づいたそうです。

それを聞いて私は、心の中で突っ込みまくりました。

「もうとっくに、そういう世の中になってるんですけどーーーー!?」

でもその会社では、女性は結婚すると事務職に転属するのが当たり前。

男性が家族の事情で休むのは言語道断、という暗黙のルールがありました。

そのときにものすごく痛感したんです。

「ああ、いまだに家族のために休むのは女性の役割なんだ」

「女性の人生って他人のためにあるんだ」

家族は他人じゃないと思う人もいるかもしれません。

でも、親子であっても、「自分以外の誰か」ですよね。

建設業界の例は極端かもしれませんが、いまだに育休制度があっても取得するのはまだまだ女性ばかり。

男性の転勤に女性がついていくことや男性の単身赴任はよくあるけど、逆は超レア。

ワンオペだって、男性と女性どちらが比率が多いかといえば、圧倒的に女性です。

今も日本人女性の人生は「自分以外の誰か」を優先することが当たり前なのです。

以前、夫と話していて気付いたことがあります。女性は、仕事を選ぶとき「結婚後や出産後も働けるかどうか」で考えることも多く、**やりたいことがあったとしても、家庭との両立が難しければ最初からなかなか選択肢には入らない。**

けれど男性は、自分の仕事を選ぶ際に「家庭や育児とも両立できそうな仕事」なんて考える人はまずいません。ひどくないですか？

「女性だから」「結婚しているから」「子どもがいるから」、そういった理由でキャリアや自分に時間を使うことを我慢するのは仕方がないこと、という風潮はおかしい。

私もそうでしたが、女性は自己犠牲が当たり前になりすぎていて、**周りから押し付け**

られていることに気づいていない人がとても多いんです。


なぜ、女性の人生が男性の収入を上げるためにあるんでしょうか？

男性が楽しむために女性の人生がある、と言っても過言ではないレベルの話です。


「だけど、自分次第でそこから抜け出すことは、絶対に可能」

今の私はそう思っています。この本では、みなさんがそう思えるようになるまで、私が学んで実践してきたことを大放出していきますよ！

貯金・節約・清貧は、もう偉くなくなった

「貯金がない＝お金がない。これは当たり前のこと」

ですが!!今の時代、そしてこれからの時代は、考え方をアップデートしないと、お金の不安が増える一方かもしれません。

以前の私もそうでしたが、まずお金のことをまったく勉強していないから、そういう発想になるのです。

そもそも、貯金って何でしょう？

私が知って驚いたのは、貯金は戦時中に軍事費を集める「国策」の一環として奨励され、広まったものだということ。また、私より上の世代の人達によると、小学校に郵便局の職員がきて、お年玉などの預け入れ業務をおこなっていたこともあるそうです。

金利が良かった頃は、貯金はお金を増やすのに有効な手段でした。

いま現在はどうでしょう？　軍事費もなければ、金利もめちゃくちゃ安い（泣）

だから現時点で貯金は意味がないわけです。

なのにいまだに「貯金をしないとダメ」って風潮はとても根強いですよね。

また、日本で広くはびこっているのが、「節約こそ正義」という精神。

同じものであればなるべく安いものを選ぶべき、お金はなるべく使わないべき、可能な限り節約すべき……。

私達は子どもの頃から家でも学校でもそして会社でも、とにかく節約するようにかなり厳しく教育されてきました。

ＭＯＴＴＡＩＮＡＩ！という言葉はもはや世界共通語になっていて、確かに地球保護の観点などからみると素晴らしい文化であることは否定しません。

でも、**何でもかんでも節約こそ正義と考えているのでは、単なる思考停止**。

私がお金持ちになってから衝撃を受けたのは「安いものがいい」というメッセージを、テレビや雑誌など、ほとんどのマスメディアが伝えていることです。

「これがなんと○○円！」「1食100円以下のレシピ」「百均グッズの充実」などなど。観光ガイドブックにも、バスなどの安い交通手段が最初に書かれています。

それはそれは壮大に、「安い＝正義」とマスメディアから刷り込まれているのです。

このように、お得情報のメッセージを昔から浴び続けてきた私達は「安い・お得こそ正義」と思い込まされてしまっています。

でも、例えば百均のマグカップって、安い代わりにデザインや柄や質感がダサいことが多いじゃないですか。本当は全然気に入ってないのに「100円だからいっか」と思って買ってしまう。

でも、ダサいなと思いながら買う百均のマグカップより、1000円かかるけどオシャレなマグカップを買った方がいいと思うのです。

100円が1000円になったくらいで困窮することなんてあり得ないし、たったの差額900円で、毎日を幸せな気分で過ごすことができる。

金額ではなく、自分が感じる価値でお金を使うべきだし、「自分が気分良く毎日を過ごすため」にお金を使うことの価値を、私達はもっと知るべきだったのです。

自分が何に価値を感じるのか、どんな価値観を大事にしているのか。

それを表すのに、お金の使い方というのはとても大事な指針になります。

- **価値があると感じるものには、お金を使う**
- **価値を感じないものには、お金を使わない**

それを自分自身で一つずつ考えて決めていくべきなのです。

そもそも、どうしてこんなに節約がいいことと思わされているのでしょうか？

その理由は、私が昔、自分自身で豊かになる方法はない（お金持ちと結婚するしかない）と思い込んでいたように、社会全体から
「あなたは自分の収入を自力で上げることなんて無理ですよ。だから収入を上げるよりも、節約を考えるべきですよ」
と思い込まされているからです。

収入が上がらない前提だと、やりくりをするためには、安いものを選ぶしかないですよね。だから安いものを選ぶのが当然になるわけです。

そうではなく、まずは自分次第で収入は上げられる、という思考に切り替えること。

そして実際に、少しずつでもいいから自分の力で収入を増やす方法を模索し、実践していくことが大切なんです。

お金持ちのケチポイントは、ここが違う

ところで「お金持ちの方がケチ」ってよく言いますよね。これは半分事実です。

私の周りのお金持ち達は、「安いＳＩＭカード」の情報や、外貨両替手数料などをかなり気にしていて、「このサービスのＳＩＭが一番お得」「この国の両替はここが安い」などの情報をシェアし合っています。

つまりお金持ちも貧乏人もケチなのですが、両者はケチポイントがまったく違います。

- **お金持ちは、同じ価値のものに対しては一番安いものを選ぶ**
- **貧乏人は、価値が違うのに安い方を選ぶ**

ここでクイズです。

「あなたの前に千円のものと１万円のものがあります。どっちの方が安いでしょうか？」

貧乏人は「千円の方が絶対安い」「1万円の方が安いわけない」と千円の方を選びます。

一方お金持ちは、その金額からのリターンでまず考えます。

- **千円で1回使ったら終わりなのか？**
- **1万円で100回使えるのか？**
- **その1万円が別の利益を生む可能性はあるのか？**
- **もし転売したらいくらくらいになるのか？**

金額だけをみるのではなく、本来は、その後ろに隠れている価値をみないと、それが実際に安いか高いかというのは判断できない。

そして価値が変わらない場合は安いものを選ぶ。


というのが、お金持ちのケチポイントです。

節電・節約へのイライラ、たったの10円かも？

そして私達がせっせと取り組んできた節約というのも、実はお金の面からみても、また省エネ観点からみても、ほとんど無意味なものが大半だったりします。

それが元で何かを我慢したり、夫婦関係のいさかいの元になってまでやるものではないし、人生における優先順位が違うのではないかと思うのです。

よくあるのが「夫が電気を消さない問題」。何度言っても電気を消さない夫にイライラするという悩みをよく聞くのですが、これこそ優先順位が違う代表例。

そもそも配電というのは、各家庭の契約量に合わせてされているもの。そして一度作った電気は基本的に備蓄できたり、他所に回したりできるものではありません。

なので節電というのは、実はピーク時の使用量を抑えて、契約量自体を下げない限り、ほとんど意味がないんです。

家庭でこまめにつけたり消したりしたところで、余った分の電気は大半がただ捨てられるだけだし、節約できる金額だって月にたった数十円程度。

この数十円のために、夫になんとかして電気を消させようとあれこれ手を尽くしたり、いさかいをするくらいなら、いっそ電気なんてつけっぱなしでいいと思います。どーしても気になる場合でも、LEDや、人感センサー付き照明にするという手もあります。そんなわけで我が家では、電気は気がついたときには稀に消すこともあるものの、基本はつけっぱなしで、特に何も気にしてません。

エアコンもしかり。私は日本に住んでたとき、5月から10月くらいまでは長期旅行を除き外出時でもずーっとつけっぱなしでした。

エアコンは起動時に一番電力がかかるし、私は暑い日の朝や帰宅時に部屋が冷えるまで待つのが嫌なので、節電や節約効果より快適性を優先。

こちらも年間で数百円〜数千円しか変わりません。

このように、部屋が暑い・寒いのにエアコンを使わず我慢したりとか、便利家電を使うのを我慢したりとか、お風呂のお湯を溜めるのを我慢したりとか、お風呂の水を面倒くさいと思いながらも再利用したりとか……。

なんとなく節約にいいと思い込んでしていることの中でも、実際はほとんど意味のないことやデメリットもいろいろあります。

実利としてはほとんどないことを認識した上で、自分の趣味や自己満足でやっていることであればもちろん否定しません。

でも、少なくとも人に強要するほどの価値はないはずです。

という私も、前述したようにお風呂のお湯が溜められなかった一人ですけどね（笑）

お金を「大事にする方法」が間違ってた件

さて、ここまでお金の問題をあれこれ語ってきましたが、もう口癖レベルで「お金がない！」と言っている人は、本当に多いですよね。

ギクッとしたあなたに、ここで質問です。

今あなたは、いくら持っていますか？

おそらくお財布には数千円は入っているでしょうし、銀行口座には数万円は入っているのではないでしょうか。

ほら、お金がないと言っても、実際はありますよね？

つまり「お金がない」という発言は、本当はそこに「ある」のに「ない」と言っている、とても失礼な発言なんです。

これを友達に置き換えて考えてみたら、一目瞭然！

友達とランチをしながら「私って友達が1人もいないんだよね……」って言っているようなもの。きっとその友達は「え⁉私って友達じゃなかったんだ」と大ショックを受けることでしょう。それくらい失礼な発言なんです。

お金もそれと同じです。「ある」のに「ない」呼ばわりされたら、拗ねてしまうのも当然。福沢諭吉さんや渋沢栄一さんも財布や口座の中で叫ぶことでしょう、「じゃあ僕って君にとって何⁉」って。

いないもの扱いされて嬉しい人なんていません。

人に愛されたければ、まずは自分がその人を愛すること。

これは人間関係の基本ですが、お金だって同じです。

お金に愛されたければ、まずは自分からお金を愛することが大切。

以前の私は、前述したようにお金と何かをトレードオフで考えていたこともあり、自分の人生における「お金の優先順位」がとても低かったのです。

楽しさ、やりがい、愛……そういったものを常に優先し、お金についてはいつも二の次。なるべくお金のことは考えないようにしていました。

だけど、恋愛でも二番手にされて喜ぶ人がいないように、お金だって常に二番手では嬉しいはずもないし、それでは増えるはずもありません。


楽しさ、やりがい、愛。こういったものはもちろん大切ですが、同時にお金だって諦めない。**全てを手にしながら、お金だって同時にたくさん手に入れる方法を、真剣に考えて実践していくべきだった**のです。


ところで私は、こんな質問をされることも多いです。

「よく起業家さん達が、財布を寝かせる・毎日財布を磨く等されているのを目にしますが、あさぎさんもされていますか？」

私の答えは「ＮＯ！」

あくまで私の考えですが、正直それはお金を大事にしている行動ではないと思ってしまいます。だってその行動より、真剣にお金を生み出す方法を考えて実践した方が、１００％お金になると思うから。

私に言わせれば「財布を寝かせて〜」という行動は、お金を大事にしている「フリ」
口では「好きだよ」と言いながら、行動では既読スルーばかりして、まったく相手のために時間を使おうとしない男性みたいなもの（笑）
本当に大切に思っているのであれば、もっとお金のために自分の時間や労力といったリソースを、自分のリスクを取って真剣に割くべきなのです。

つまり毎日財布を磨くなんていうノーリスクで簡単な方法でお金と向き合っているフリをするのでなく、実際に真剣にお金を生み出す方法を考えて実践していくことが、行動ベースでお金を大事にしている、ということになります。

開運アップ行動や願かけに囚われているあなた！
財布を磨くのがダメなら……とトイレ掃除を頑張るのはやめてください！
どう考えても関係ない行動ですから！（笑）

冷静に考えてみませんか？
トイレの綺麗さとお金が関係あるはずありません。

たしかにトイレが綺麗だと気持ちがよく、それで気分よく物事に取り組めるようになるかもしれませんが、因果関係が遠すぎです。

トイレを掃除する時間や労力を使って、読み終わった本をフリマアプリに出品したほうが、お金が増える可能性は確実に高いでしょう。

結局、トイレ掃除をしたり、財布を磨いたりしちゃう人って、お金と真っ正面から向き合わずにいられる、でも向き合っているフリをする行為として、それらをしてしまうんです。今すぐ掃除道具を置いて、お金と真剣に向き合いましょう。

そんなわけで私は、**貯金している人もお金を大切にしていないと思っています。**

お金は、使うことで人生にたくさんの幸せをもたらしてくれる素晴らしいツール。なのにただ口座に入れているだけでは、それは単なる数字。あなたの人生を豊かにすることはできません。

ここで一つわかりやすい例を紹介します。

例えばあなたが300万円のとてもゴージャスなダイヤモンドの指輪を持っていると

します。しかしもし、その指輪を一度も着けることなく、誰の目にも触れさせることなく、ずーっと金庫に大切にしまっているとしたら？

たまに一人で取り出して眺めてニヤニヤするだけでも確かに幸せかもしれませんが、それってもはや、指輪を持っていない人生と、現実は何も変わりませんよね？

そんな指輪と同様に、お金も使ったときに初めて価値を発揮します。

自分がめちゃくちゃ仕事ができるのにコピー取りばかりさせられていたら、誰だって嫌ですよね？

これもお金だって同じ。

お金はいろんなことができる力を持っているのだから、ちゃんとその力を発揮させてあげましょう。

つまり、お金を「自分が大切に感じるものに使う」ことこそが、お金を大切にしていることなのです（名言！）

お金を大切にするフリをして、お金を悲しませるのは今日でおしまいにしましょう。

美容のために・5分・でいいんで毎日入浴してください
たった5分のためにお湯を沸かして捨てるの超絶もったいないじゃん!!
ナイナイナイ
――と、お風呂に浸れませんでした…。

第2章

好きなものを我慢しない生き方はできる！

～今と今後の人生が変わる、お金と時間の使い方

1ヶ月後
ITALIAN
ちょっと顔出したら、早く帰って家事しないと…
C子ちゃん、今日めっちゃイケてない!?何かしたの？
〝節約家のいいお嫁さんになりそう〟キャラ、やめました
ナチュラル
で、マツエクと小顔エステに通い始めたんです☆
あと、元々好きな明るめワンピ買ってみたんですけど、やっぱちょっと派手かな…
テヘ♡
ううん!! 似合ってる!!
隣、いいですか？

休日って何してるんですか？
最近は……
おおお…
うわー、花形部署の注目株から話しかけられてるじゃん！
美活の効果って高いな〜
C子ちゃんの元々の魅力も解放されてるしー！
あ、もう帰らなきゃ
どーせ、アイツなんもしてないだろーよ
ゴロゴロするアイツ
夫
せんたくするものそのまま
食べっぱなしの食器
B子先輩も、いつもなら焦って帰るのに、今日はゆっくりできるんですか？

今夜は夫が機嫌良く
子どもの面倒みてくれてる
はずだから♪
まだまだ飲むよー
えー。
えー、うちも将来、
そうなったらいいなあ
遠い道のり…
しょんぼり
家族会議を
何度か開いて、
ルンバ、食洗機、
乾燥機付き洗濯機、
ウォーターサーバーを
徐々に導入してきたの
おそうじおまかせ
洗うのおまかせ
干さなくてもよし
お水もお湯もすぐ
夕方はシッターさんに
来てもらったし、
夫にもあんまり負担ない
仕組みを準備してきた!
めっちゃお金
かかってますね
座った

なんなら、このあと私、
駅からはタクシーで
体力温存
おつかれー
えーっ
そうすることで、
朝は、元気な笑顔で
家族を起こして、
ごはん用意できるからね～
コーヒーもできてるよー
…
パーン
今から
電車で30分
立って
のりかえて
20分
駅
駅から
家まで
徒歩10分
てくてく
家に着くの
22:00
洗いもの
朝洗たく
干す
ねむー
朝ごはん
仕事
羨ましすぎますー
どうして
こうなれたかも、
あさぎ流
マインドのおかげ
夫や子どもとの
ケンカが減って、
今はラブラブ家族よ～♡
もう
帰ります…

数十円の使い方で、その後の人生がチェンジ

この本を読む方の中には、好きなことや欲しいものを手に入れるのに、我慢している方も多いのではないでしょうか。

でも、改めて言いますが、お金とは、使うことで力を発揮できるもの！
好きなことを我慢するのは、お金を大切にしていないことに繋がります。

逆説のようですが「お金を大切にしたければ、まずはお金を使うこと」なのです。
あなたが選択基準の一番を値段（安さ）にしている限り、お金に対する自信はつかないままだし、「お金がない！」という人生から脱することもできません。

ただし使い方が超重要！

お金がなくて苦しんでいた過去の私は、何よりも安さで購入品を決めていました。
昔はスーパーで醤油を買うにも、1円でも安いものを吟味。
でも考えてみたら、数円安い食材を買ったところで、変わるのは月にたった数百円。
もしその浮いた数百円で「美味しい」と思える醤油を購入していたとしたら？
それは間違いなく、人生をハッピーにするお金の使い方です。

断言します。自分がいつも行くスーパーで「安さ」ではなく「欲しいもの」を選んだとしても、破産なんて100％しません！

私も最初はコンビニやスーパーで、少しずつ、自分を幸せにするお金の使い方の練習を始めました。

同じように講座でレクチャーしたら「コンビニではなく、スタバでコーヒーを買えるようになりました」「今日スーパーで、豚肉ではなく牛肉を選ぶことが出来ました」といった声が届くようになりました。

このように、私達が気づいていないだけで、数十円や数百円で自分を幸せにできることなんて、世の中にたくさんあるんです。

そういうところから、値段の「高い」「安い」で全てを決める人生を卒業して、自分の幸せを追求する人生を、少しずつ踏み出していきましょう。

それが自分とお金との関係性を少しずつ変えていきます。


ポイントは、あなたが何に幸せを感じるか?を、毎日のように意識すること。

今はピンとこないかもしれませんが、読み進めていくうちに、わかるはずです。

3ヶ月以上悩んでるものは今買ったほうがいい

そんなわけで、お金に対する自信を取り戻すきっかけは「何を買うか?」からだと、私は思ってます。

自分を幸せにするものは即決で買い、どんどん人生を早回しで経験していくことが「人

生を豊かに変える」ために重要なのです。

ただ、私もいきなりは無理でした。まずは先ほど紹介した、スーパーやコンビニ、あとはカフェあたりからお試しして、自分がどんなものにハッピーを感じるか、何が好きなのか、その感覚を意識してみてください。

次は、3ヶ月以上悩んでいて、10万円以下のもの。欲しいけど、お金が……と悩んでいるもの。それを早めに買ってみましょう。

怖いですか？　でも大丈夫！

私もそうでしたが、頭の中では普段、最初に直感で「欲しい」と感じたことを、あとから理性で取り払うというプロセス（悩むこと）が、おこなわれてい

迷う理由が値段（が高いから）なら買え、買う理由が値段（が安いから）ならやめとけ

ます。でも悩んでいる時点で、それはやっぱり欲しいものだし、自分に必要な価値があるものなのです。


だって、本当は欲しくないものや、買えないものについてはそもそも悩みませんよね。

だから悩んでいる時点で「欲しい」し、「買える」ってことなのです。


例えば「このワンピ、全然いらないんだけど、買おうかなー？どうしようかなー？」って悩む人はいないですよね。

まずは「欲しい」が直感。その後に理性で「でも高いし」「あんまり着る機会ないかも」「似合わないかも」などなど、買わない理由を探しているだけ。

家賃だって、12万円と15万円で悩むことはあるかもしれないけれど、12万と40万で悩む人はいませんよね？　つまり、多少高いかな？と思っても、確実に買っても大丈夫だから悩んでいるわけです。


高くても、そこで感じた直感を、ないがしろにしないこと。

これが、後からめちゃくちゃ大事になってきます。

見た目を派手にしただけで、リターンが増えた！

先ほどワンピの例を出しましたが、私はもともとファッションに興味がなく、人にすすめられたお店の洋服を、そのままずっと購入していました。

それも、上下を組み合わせるコーディネートができないから、ワンピのみ。

ネットショップで月に1回「○△　ワンピース」と検索し、上から順番にポチポチして3着買い、ショッピングは月に5分で終了！というお粗末さ（笑）

ただ、長らく「モテ」に苦戦してきた私は、自分の価値を上げるためには外見を磨くことが手っ取り早いとあるときに気がつき、それを実践するようになったのです。

「人に大切にされたい」と思うのであれば、外見を整えるのが一番簡単な方法です。

あなたは人がハイブランドのプレゼントを貰っているのをみて、うらやましく感じたことはないでしょうか？
私も以前は、インスタグラマーなどがハイブランドのプレゼントをたくさん貰っているのを見て、とてもうらやましく感じてました。

でも、なぜ彼女達がハイブランドを贈られるかわかりますか？
それは、そもそも彼女達自身が先にハイブランドを身につけているからです。
すると他人にも「この人ハイブランドが好きなんだ」と伝わるため、「じゃあこれを買ったらきっと喜んでくれるだろう」と、ハイブランドのプレゼントに繋がるのです。

人は「自分を大切にしているな」と感じる人を邪険に扱うことはできません。

ということで、私はそれまで肌・髪・歯・体型など、自分の本質的な価値が上がるところにお金を使ってきましたが、「パッと見てすぐわかる服装」にも、力を注いでみることにしました。

それまで、いわゆるハイブランドの商品を買ったことはありませんでした。

だって小物一つでも数万円からウン十万円もするんですよ！
ファッションに興味がない私には、完全に理解不能でした。

それでも、理想とする未来に早く近付けるようにと、まずはシャネルのロゴがこれでもか！というくらいデカデカと入ったマフラーを購入してみることに（もうドッキドキでしたよ！）。すると、

- **レストランでいい席に案内してもらえたり、**
- **タクシーの運転手さんがいつもより親切だったり、**
- **ホテルの部屋を勝手にアップグレードしてもらえたり……。**

周りからの扱いが目に見えて変わってくるのがわかったんです。

考えてみたら当然ですよね。お店側にとっては、すでに顧客な人は別として、普通の見た目な人よりも、あきらかにお金を使ってくれそうな人に優しくするのは当たり前。

一目見てすぐわかるハイブランドを身に着けただけで、今までより丁重におもてなしされて、こんなにも恩恵があるんだ！ということを実感しました。

よく「男性にオシャレなお店に連れて行ってもらえない」という悩みを聞くこともあるのですが、これもおそらく服装やスタイルが原因です。

例えば、いつも髪型もメイクも綺麗にしている、上品なワンピース姿の女性のことは、大衆居酒屋には連れて行きにくいですよね。

でも、格安メーカーのカジュアルな服装の女性だったら「この人はカジュアルなものが好きなんだな」と認識されます。

だからオシャレなお店、もっというと高級なお店に連れて行ってほしいなら、まずは自分がそこにふさわしい洋服を常に身につけていることが、とても重要なのです。

今の私みたいに全身ブランド品で固める必要はないですが、いつもよりちょっと高級品を身に着けたり、パッと目を惹くブランドの力を借りてみるのは効果的です。

世の中では、ロゴがデカデカと入っている、いかにもハイブランド！って誰の目にも見てわかるような商品は逆にダサい、さりげなくハイブランドのほうがオシャレというような風潮もありますね。

しかし、こういうことを言って、実際にさりげなくハイブランドを着ている人を私は見たことがありません（笑）

お金持ちというのは、わざわざ人のことをとやかく言ったりしないのです。

お店のスタッフだって、よっぽどのファッションマニアでもない限り、さりげないブランド品なんて誰も気づきません。だからせっかくハイブランドを買うのであれば、誰の目にもわかるものを身につけることを、私はおすすめしています。

節約・貯金を一生懸命がんばるよりも、自分の外見、特に人からわかりやすい部分にお金をかけるほうが、リターンははるかに大きい。

自分に自信が持てる格好をして堂々と歩いていたら、親切にドアを開けて待っていてもらえるなど、周りの人の対応が優しく変わることに気づくはずです。

高額でもコスパで考えたらオトクなもの

もし、欲しいものや、やりたいことが高額だとしても、早く買ったほうがコスパのいいものは、なるべく早く買ってしまいましょう。

例えば脱毛。どうせいつか脱毛するのであれば、早くやればやるほど、生涯にわたってキレイなままでいるメリットを享受でき、1日あたりのコストが下がります。
最近では人件費高騰により値上げするところも多く、数年前に脱毛したらもっと安くできた、ということも少なくありません。

また洗濯乾燥機・食洗機・ルンバ・調理器具など、手間や時間を短縮できる家電。
もし「数年以内には買いたい」と思っているのであれば、絶対に今すぐ買った方が良いでしょう。

洗濯乾燥機を導入することにより1日20分削減できるのなら、1週間で140分・1ヶ月で約600分・1年で約7300分。つまり1年あたりで約121時間もの時間を短縮することができるのです！

もし、あなたに121時間もの自由時間があったら何をしますか？

友達とディナーに行く、ゆっくり温泉に入る、自由気ままにウインドウショッピングをする……それでも時間が余りそうです。

合わせて他の時短家電も導入したら、もっと自由時間が増えます。

今すぐ買えば想像を超える自由時間を、長期にわたって受け取ることができるのです。

（余談ですがルンバに関しては我が家には向いてませんでした。高額家電はまずはレンタルで試してみるのもおすすめです）

購入時は高額でも、1日当たりに換算すると数十円だったり、それよりも安いものばかり。そこをもったいないと節約するお金よりも、剃毛したり洗濯物を干すことをやめることで浮く1時間のほうがはるかに貴重です。

浮いた時間を、自分が本当にしたいことの時間に当てることで、人生はどんどん豊かになっていきます。

日本人、特に日本のワーママで「やりたいことがやれない」「疲れが取れない」と言っている人のほとんどは、まずそもそも時間が足りていません。

昔の私も同じだったからわかります。

休む暇がなく疲れていては、何かを新たにする気力なんて湧いてこなくて当然です。

でも目先の節約にとらわれなくなると、最終的にコスパも良くなり、B子さんのようにゆとりある自分らしいお金と時間の使い方ができるようになるのです。

さらに、お金というのは一見、常に同じ価値を持っているように見えますが、実は使うタイミングによってかなり価値が変わるもの。

10歳の頃の3千円と、今現在の3千円の価値って違いませんか？

今なら「友達と1回飲みに行くのにも足りないな」、で終わってしまいますが、10歳の

頃なら「お菓子を買おうかな」「おもちゃを買おうかな」といくらでもワクワクできる価値がありました。

老後のことを考えてたくさん貯金しなきゃと考えている人は多いですが、同じように今の100万円と、80歳になってからの100万円では、お金の価値もまったく違ってくるのです。

一般的に人間は年齢を重ねると、気力も体力もどんどん落ちていきます。

若いうちはいろいろ行きたい場所があり、欲しいものもたくさんありますが、80歳では家でのんびりテレビをみるのが一番の楽しみになってしまう高齢者はとても多い。

老後のために世界一周の費用を貯めておいたのに、いざ80歳になったら行く気力がなくなってしまった……というのは決して珍しい話ではありません。

「時間ほど貴重なものはない、どうせ買うなら、早く買え！」

それが人生の中でお金を増やすカギでもあるのです。

「他にも優先すべきこと」に気づくことから

章の冒頭の漫画では、B子さんとC子さんがどんどん変化していますが、ここで、私のまわりの女性達の変化をお話ししたいと思います。

一人目はKさん。彼女は3児のママで、夏の間は麦茶を冷蔵庫に作り置きするのを当たり前にしていました。

本人としては、麦茶を作る手間自体はたいしたことなくても、麦茶のボトルの内側がぬめるのでよく洗ったり、子どもが自分でコップに注げないから代わりにやってあげたり、**名もなき家事の積み重ねが知らず知らずのうちにかなり負担になっていた**そうです。

それでも「自分がやれば済むことにお金をかけるのはもったいない」という感覚でした。

ところがその意識を変えるべく、ウォーターサーバーの設置を決意。すると、ボタンを押すだけで冷たいお水が出てくるので、子ども達が喜んで自分で飲むように！

これまでの、一息つこうと椅子に座った途端「ママ、麦茶！」と言われるストレスから解放されて、日々のイライラが大幅に減ったそうです。

さらに、子どもに持たせる水筒の中身もお水に変えることで、水筒のメンテナンスが一気に楽になるなど、大きな変化があったといいます。

ウォーターサーバー代は毎月４千円ぐらい。

もったいないと思いがちですが、使わずにお金が節約できたとしても、自分のストレスが増し、夫婦や親子関係が崩れるのは、もっともったいないことですよね。

また、夫がやればタダで済むことにお金をかけられない人も少なくありませんよね。

ある女性から「ダンナが家事をやってくれない」と相談されたとき、**「私は大切な夫に家事なんてさせない」と伝えたらすごく驚かれました。**

その彼女は家事代行の費用がもったいないので「夫がもっと家事をしてくれたらいいのに」、とずっと思っていたそうです。でもお互いにやりたくないことを押し付け合ってイライラするぐらいなら、「お金で解決する選択肢」を使ってもいいと思うのです。

彼女はその後、思い切って家事代行を導入し、**「お金よりはるかに大きなものを失っていたことに気がついた」**と話していました。

お金をかけられないのは家事だけとは限りません。

とある有料セミナーに通っていた女性は「タクシー代がもったいない」と、重い荷物を持っていても汗だくになって電車と徒歩で移動し、クタクタになって参加していました。その結果、肝心のセミナーが始まる頃には疲れ切って、とても集中するどころではなかったそうです。

わずかなお金を惜しんだ結果、それなりの額を支払ったはずのセミナーの内容が十分に得られないのでは、本末転倒。せっかくの自己投資が無駄になってしまいます。

他にも、副業のためＭａｃＢｏｏｋが欲しいとずっと思いながら一年間迷っていた人がいました。そこで私が、「今日買いに行きなよー！」と背中を押したところ、すぐにゲット。そうしたことで副業がはかどり、数百万を稼ぐ結果に繋がりました。

自分を稼がせる可能性があるものにお金を払うのは、特にいい使い方!!

目先の支出金額よりも、人生ベースで優先すべきことに気づく。
それが、お金と上手に付き合う秘訣です。

欲しいものを我慢するほど、収入が減る⁉

ところで、よく「一度生活レベルを上げると、下げられなくなるので、あまり上げるのはやめましょう」とか「家賃は収入の3分の1まで」という話しを聞きますよね。

私も昔は、それを真面目に守っていました。

でも起業してから体験した法則は、「家賃を下げると、収入も下がる」

実際に、私は起業してから、六本木・勝どき・豊洲・ドバイと、4回引っ越しをしていますが、自分の収入額が、家賃に全てキレイに比例するので驚きました。

なので、収入を上げたい！と思うのであれば、「家賃を上げる」というのはとても効果的だと思います。

「ちょっと収入が上がったからといって、家賃などを簡単に上げない方がいい」という風潮がありますが、私はそうは思いません。

節約というのは、自分で自分に「自分は、今以上に貧乏になる」という呪いをかけているのと一緒。

冷静に考えると、自分のスキルはどんどん上がっていき、人生経験も増えていくので、仕事や、人に提供できるサービスのレベルはどんどん上がっていくのだから、収入は基本、毎年上がっていくのが当たり前。

人は日々、どんなことであれ何かしら成長しているのだから、将来は今より豊かである可能性の方がはるかに高いのに、その、豊かであるはずの未来に備えて、今欲しい物を我慢するのは、「自分の未来は、今より貧しくなる」という呪いを自分にかけてしまっているんです。

そういう呪いを自分にかけるから、実際に貧しくなる。未来は今より豊かになる前提なら、今欲しい物を今すぐ買っても、将来困る可能性はゼロですよね。

なので「今より貧しくなる」という呪いを自分にかけるのは今すぐに止めましょう。

といっても、世の中の大半の人は、かつての私のように、「未来の自分が豊かだなんて、なかなか思えない」方も多いと思います。

それはやっぱり、日本の平均賃金が、ここ数年まったく上がっていない……むしろ下がっているからだというのも理解しています。

ただ、「人に貰えるお金だけが自分の得られる収入」だと思っていると、「今より豊かになるとは、とても思えない」のも無理はないのですが、実際のところ、転職や副業、起業で、収入は誰でも自分次第で、いくらでも上げていけるのです。

（その方法は第4章5章でご紹介します）

だからまずは、その思い込みから書き換えていくのが、とても大事。

収入減になりかねないマイナスのスパイラルを断ち切りましょう！

スーパーで安さより、
いちばん欲しいものを買う練習！
醤油コーナー
以前はこっち
1ℓ
¥198
しょう油
おトク用
今はこっち
500mℓ
¥548
上質

第3章

あなただって夢じゃない！お金にノーストレスな人生の第一歩とは

今日、B子先輩がご家族と過ごす様子を見て、ホントにストレス少なそうだな～って思いました
ちょっとずつ我慢をやめて、自分が本音で望むものを満たしてきたからかも
でも、そうするには、お金がけっこうかかりますよね。うちの会社の給料じゃ厳しくないですか？
タクシーやら最新家電やらシッターやら……
カード使ったり、親に借りたり、いろいろ試してるよー
うそ、社会人なのに親に借りるなんて、私ならぜったい無理ー
借金じゃん？

そ〜〜、
そういえばC子ちゃん、あれから花形部署の彼とはどうなった？
お金の話はやめよう…
ライン交換して、やりとりしてるんですけど、彼が意外と奥手で…
彼
○○の映画観ましたか？
まだ観てないです！
C子
彼
おもしろいらしいですよ
映画に誘われるかと思ったのに！
今までだったら自分から踏み出す勇気なかったけど、デート誘ってみたら、あっさりOKだったんです♪
今度の日曜日あの映画観に行きませんか？
その後ごはん食べませんか？
もちろんいいよ!!
C子ちゃんも、あさぎさんの影響で、『欲しいものは欲しいし、やりたいことはやりたい』って、お金の使い方をシフトしたからだね！
欲しいっ
やりたいっ
そうなんです！ちなみにマッチングアプリの写真やプロフでも自分らしさを飾らず出したら、いいねが増えてきて
料理はニガテだけどおいしいものを食べるのは大好き！
盛るでも引くでもなく自分が好きな自分の写真

会社の先輩A
ーってことで
実は今、何人かと
お付き合いを
同時進行させてます
B
C
D
え!?
テヘペロ♡
いいじゃん!!
ははは…
ゴク
C子ちゃん、
そんなに奔放でいいのーー!
でも前より断然
キラキラしてるなー。
そりゃ、モテそうだ
ま、そりゃ自由でいいけど そんなのどうなの?
モヤ モヤ
…
さっきから
モヤモヤしてるみたいだけど、
A子はどういう暮らしや
生き方がしたいの?
ハッ…
うーん、
私そこまで
考えたことないです〜
身の丈に合った暮らししか
できないと思ってるし…
ふたりともすごい!!
…
C子ちゃんすごくステキ
えー♪

あなたの「お金にノーストレス」はどんなこと？

今のA子・B子・C子さんのやりとり、どう感じましたか？

私はA子さんのように「そもそも、どういう暮らしや生き方をしたいかわからない」というタイプでした。

20代の頃は、低収入が当たり前すぎて「身の丈にあった暮らししかできない」と思っていたので、それ以上のことを望む発想すらなかったのです。

その後、私のお金と人生が激変した一番のきっかけは、手帳に**「自分の理想の人生」を描いてみたこと！** 実際に紙に書いてみることで、自分でも「え、私こんなことしたかったの？」と思うようなことがたくさん出てきて、とてもびっくりしました。

そして書き終えてからはリストの存在などを忘れ、いつもと変わりない日常を送っていたのですが……半年ほど経った頃、ふと思い出して見返したら、たくさんの項目が実現していて、再びびっくりしたものです。

というのも、その大半が、自分で「叶えるために頑張ろう！」と努力したわけじゃなく、毎日を普通に過ごしていたら自然に叶っていた！という感じだったから!!

ここで私は「自分の希望を紙に書き溜めておく威力」を知りました。書いておくだけで神様なんだか潜在意識なんだかに勝手にインプットされ、勝手に叶っていくのです。

そんなわけで1〜2年に1回、このリストを最新版に書き直すということを10年続けてきました。そして実際に、いろいろなことを叶えてきました。これは本当におすすめなので、ぜひみなさんにもトライしてみていただければと思います。

といっても、きっと最初はどう書いたらいいかわからないですよね。私も初めて書いたときは2週間くらい悪戦苦闘したし、「こんなこと書いていいのかな!?」ってドキドキ。

自分のスマホのメモ帳に書いていたので、自分以外に誰がみるわけでもないのに、妙に恥ずかしかったり、悪いことをしているような気分になったりしてました。

そして、そんなに悪戦苦闘して書いたにもかかわらず、内容が漠然としていたり、自分とはあまりにもかけ離れていることだったり……。結局、書いてはみたものの、最初は何から始めたら叶うのかまったく見当もつかず、放置するしかなかったという……。

それでも、なぜかわからないのですが、書いたら少しずつ叶っていったのです。

だからまずは一度書いてみる、というのが本当におすすめ。言語化というのは、一番初めの、一番小さな具現化。つまり、言語化すらできないぼんやりした理想というのは、叶えるのもとても難しいのです。うまく書けなくても全然構わないので、「私の人生、こうだったらお金にノーストレス！」ってことをぜひ妄想しながら、書いてみてください。

自分は何が好きで、何が幸せで、何に価値を感じるか、お金があったら何がしたいのか。それが今後の人生を豊かに変化させていく大きな鍵になります。

私の10年でわかった、叶う・叶わないの違い

以前、私はこういったリストのことを「夢リスト」と呼んでいて「自分の夢を書くんだよ」な〜んて伝えていたのですが、数年前から、どうも「夢」というのはしっくりこないなと感じてきました。

なぜなら私が書いていたのは「夢」という響きから連想されるような壮大なものでもなければ、綺麗なものでもまったくなくて。

どちらかというと、自分の下世話な欲望をただただ垂れ流しただけの、単なるわがまま放題なリストだったから！（笑）

頭で考えた綺麗な理想はあまり叶うことはなかったのに、**心から湧き上がってきた謎の欲望っていうのはびっくりするほど叶った**んです。

世の中の多くの人は「理想の人生を送りたい、でも叶わない」と思いながら生きています。でも、実は本心で思い描いてることは全て叶っているのが「今の現実」

今の人生が全て自分で望んだことだなんて、驚きじゃないですか？
私はこのことを知ったとき本当に驚いたというか、絶望しました。

自分の人生は理想通りにならないと思っていた。でも、たしかに「理想通り」にはなっていなかったのですが、「思い通り」にはなっていたのです。
「自分はお金持ちにはなれない、愛とお金なら愛を取る」と思っていたから実際にお金がなかったし、「自分の収入を自分の力で上げるのは難しい」と思っていたから、実際に給料は上がらなかった。

でも両方選べるとわかったら全てを同時に手に入れることもできたし、自分次第でいくらでも収入は上がるとわかったから、実際に収入を上げることもできたのです。

理想が叶わない人には特徴があります。それは、「頭で考える理想」と「心に浮かぶ欲望」がまったく一致してない、ということ。

「体」は「心」を常に優先して動きます。頭で描いた崇高な理想は叶わないけれど、心で願った「こうしたい」「したい」は全て叶ってしまうのです。

例えば、頭では「痩せたい」と思っていても、実際は「大好きなお菓子をたくさん食べたい」という心を優先して行動していたら、実際に現れるのは脂肪ですよね。

過去の私は「たくさんお金が欲しい」と頭では願いながらも、心では「安定を失いたくない」「失敗したくない」という心を優先していたから、お金がなかなか増えないという状態が実現化していました。

でも「お金がたくさん欲しい」に心から変わった

頭で考えた
理想
起業して
年収1億円
安定を失いたくない
むしろ働きたくない
心の
欲望
頭で考えた
理想
引き締まった
モデル体型
おいしいもの
たくさん食べたい
運動はしたくない
心の
欲望

からこそ、たくさんのお金を得ることができたのです。

つまり、理想の人生を叶える一歩目、それは「欲望のままに生きて、頭と心と体を一致させること」。

まずは、今の人生は自分の頭で思い描いたものではなく、心で願っていたことが叶っているんだ、ということを知り、自分の心で願っていることが一体何なのか？ということに、自分自身で気がつくことが重要です。

そのために作るべきは、夢リストではなく欲望リスト！

「欲望」というとマイナスな印象もあると思いますが、**むしろ欲がないとお金にノーストレスな人生は送れません。**

心の中から勝手に湧き上がってくる欲望は、頭で考えただけの理想とは違い、ものすごいパワーを持っています。

だからこそ、実際に人生が豊かに変わっていくのです。

私は普段から「欲望を明確にしよう！」「自分の欲望と向き合うことが豊かな人生の第一歩だ！」と言っています。なので講座でも何より一番初めに取り組んでもらうことは、欲望リストを作成すること。

先ほども書きましたが、言語化というのは最初の具現化です。言葉にもできないようなふんわりした欲望は、実際に叶うことはないのです。だからこそ、勇気を出して欲望を書き出すと、本心からの理想の人生が明確になり、全て叶っていく！

すでに多くの女性達が体感済みです。

ということで、ぜひ次のページのワークで実際に書いてみましょう。ポイントは、そう、頭で考えた理想より、「よくわからないけどなんとなく素敵！」「こんなのサイコー！」「やばすぎるー！」、そんな欲望に従って書くこと。

あなたにとってお金にノーストレスな暮らしを妄想し、どんどん書いてみましょう。

オリジナルワーク

欲望リストを書き出そう

今の自分や現実、できるかどうかなど、細かいことは無視してOK。
途中で変わってもいいので、まずは今、思いついたものを書きましょう。
具体的に思いつきやすい6項目をご紹介していますが、
迷ったら項目を無視しても大丈夫です。

美容・健康

- □ ……………… □ ………………
- □ ……………… □ ………………

仕事

- □ ……………… □ ………………
- □ ……………… □ ………………

人間関係

- □ ……………… □ ………………
- □ ……………… □ ………………

お金

- □ ……………… □ ………………
- □ ……………… □ ………………

個人的な夢

- □ ……………… □ ………………
- □ ……………… □ ………………

物質的なもの

- □ ……………… □ ………………
- □ ……………… □ ………………

- 思い浮かばない場合は?……10億円あったら何をしたいか妄想してみましょう
- たくさん書くほど叶いやすくなるので、ノートなども活用してリストアップしてみましょう

「いい思いしたい」と発したら一石二鳥だった話

お金と欲望について、私が最近たどりついた境地を語らせてください。

究極の話、多くの人が人生で目指してるのって「いい思いをしたい」だと思うんです。

私は昔「自分はいい家の生まれじゃないし特別美人でもない。そして大した才能もあるわけじゃないから、この程度の人生で当たり前だ」って思ってました。

でもあるとき「そんな何もない私だって、いい思いしたい、って思っても別に良くない？　願うだけなら自由じゃない？」と気づいたところから、「**豊かに稼いで幸せに生きる」人生が始まった**んです。

「いい思いがしたい」は誰しもが持っている欲望なはず。

だけどみんなそれを「図々しいこと」だと思って隠してしまいがちですよね。
「みんな我慢してるんだから私も我慢しないと……」
「自分だけいい思いをしたらずるいって思われるんじゃないか……」って。

私もそうだったからすごくわかるのですが、それじゃあ自分を含め、誰もあなたを幸せにはしてくれません。自分の幸せは自分で決めて、自分で取りに行くもの。

だからお金にノーストレスな人生の二歩目は**「私だっていい思いをしたい」という自分の欲望に正直になって、それを周りに伝えていくこと。**

誰もが唯一無二の存在として、幸せになるために生まれてきています。
というか、人生の目的は「幸せになること」以外ありません！（笑）
だから堂々と「私だっていい思いしたい」と発していきましょう。
「いい思いしたい」は隠さなくても大丈夫なのです！

そんなの周りに言えない！という人がいるのもわかりますが、そもそも、「いい思いをしたい！　いい思いをしている！」を出していかないことには、人からもそういう扱いを受けられないのです。

お給料だって、上司に相談・交渉した人「だけ」が人より上がってることはザラ。ハイスペイケメンと付き合っている女性だって、自分から積極的にアプローチしているものなのです。

私は普段からハイブランドを着てることや、いいホテルに泊まってることを言葉でもSNSでも発信しています。だから周りの人もハイブランドをプレゼントしてくれるし、「あさぎさんとごはんを食べるならいいお店を予約しとかないと！」ってなってくれるのです。

「いい思いしたい！」「いい思いしている！」を出していくことで、周りの人がどんどん自分にいい思いをさせてくれるようになります。

この話をすると、「嫉妬されたら怖いです」という人が多いのですが、そもそも嫉妬さ

れて何か言われるよりも、それ以上にいい思いした方が良くないですか？（笑）

むしろ、嫉妬で嫌なことを言われたりされたりすると、「その人とは付き合わなくていい」ってことがはっきりわかりますよね。

嫉妬で嫌味を言ってくる人はどうせ自分にいい思いはさせてくれないし……。

嫉妬されることで、付き合うべき人かそうじゃない人か、自分にメリットを提供してくれる人かそうじゃない人かの切り分けもできます。

だから「いい思いしたい」「いい思いしてる」をちょっとずつ発してみましょう。

良い扱いを受けられるようになるし、人間関係の断捨離もできるし、一石二鳥です！

がめついって思われるより、優先すべきは…

これまでお話してきたことを実行すると、「がめつい」「はしたない」って思われるのが怖いという方、とても多いと思います。

でも、それより優先すべきものがあると思うのです。

あなたは、自分自身と、あなたの家族を本当に大切にできていますか？

P7でも書いたように、私は、多くの人の悩みごとの99％は、お金で解決できると思っています。

「そんなの知ってるし、お金がないから苦労してるんじゃん」という声が聞こえてきそうですが、ここでさらに補足させてください。

結局、人生お金が全て。悩みの99%はお金で解決

基本的なことはP7ですでに触れているので、その続きを書かせてください。
私は、お金で解決できない1%には「人間関係」があると思っていますが、それですら、お金があれば解決できるものも多いです。

特に夫婦関係。家庭内の問題って、結局はお金がないがゆえの小競り合いから発展するものがすごく多くないですか?

ゴミ出しでも皿洗いでも、夫婦のどちらもやりたくないから「あなたがやってよ!」「自分も嫌だよ!」と押し付け合いになるんです。
でもお金さえあれば、二人とも嫌なんだから家事代行に頼もう、食洗機を導入しようという選択肢を持てます。

あとはそもそも、お金さえあれば、日々の生活で疲れない、イライラしない行動を取れるというのもあります。

いいベッドで寝て、移動はタクシー。行列に並ぶなんてしない。

うちの講座生でも、お金を稼いで有効的に使うようになって、家庭内のいろんな問題が解決したという人が多いです。

子育て、教育、反抗期へのお悩みも

さらにもう一つ、私が悩みをお金で解決できたのは「子育て・教育」についてです。

うちの長女は自我が強くて、日本の保育園に入れていたときにはすぐに「私、明日から保育園行かないね！」と言い出していました。（めちゃくちゃ困る・笑）

仕方ないので、そのたび引っ越して転園し、最終的には6つの園を渡り歩くことに。

なぜ嫌なのかそのつど聞いていたのですが、要は「席が決められていて、先生のお話を聞いて、その通りにやらないといけない」ということが、娘にとっては嫌だったのです。

となると、日本の学校そのものが割と無理だな、ということで、私は日本の学校に娘を入れることは諦め、教育のために家族で海外移住しました。

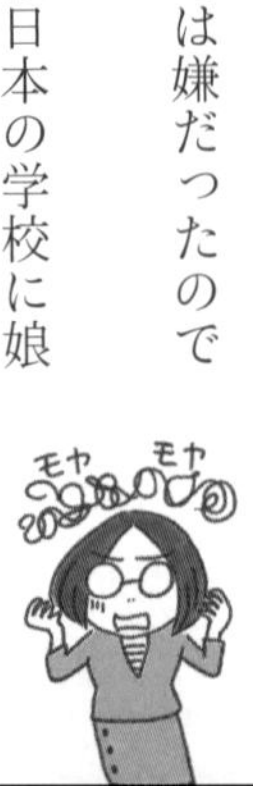

今、日本全体で不登校の子が増えていると聞きます。

それはおそらく、子ども自身が「これをやるのは無意味だ」と本能的に察知しているからではないか、と私は思っています。

学校で、先生が黒板に書く内容をノートにただ写したり、ググれば一発で出てくる内容を延々と暗記したり……。

インターネットがなかった時代は、自分の知識は自分の脳の中にしかありませんでした。だからその当時、暗記するというのはものすごく大切なことだったんだと思います。

でも今の時代はそうじゃない。

PCを使えば1秒でわかるような計算や暗記に貴重な時間と労力を割くのではなく、子どもにはもっと「自分が楽しめること」に時間を使ってほしい。

そう考えた私は、子ども自身が自分のやりたいことを好きなようにやれる環境を手に入れるため、家族でドバイに移住して、毎日ひたすら自由に遊んでいるような学校に入れました。（もちろん日本にもさまざまな方針の学校があることは知っているし、実際に調べたりもしました。でも私は自分にも娘にも海外のほうが合っていると感じたため海外移住を選びました）

すると、なんとこの2年間で娘は一度も「行きたくない」と言っていないのです!!

このように不登校問題も、実は親が引っ越して転校さえできれば、解決する可能性があります。（講座生にも、その決断をしたメンバーがいました）

ただ、そう簡単に引っ越せないのは、突き詰めると結局、お金の問題が大きいのではないでしょうか。

さらに、子どもが成長すると、ほとんどの親が疲弊する反抗期。

私は、娘の反抗期にお互いイライラしたくないので、ボーディングスクール（全寮制の学校）に入れることを検討しています。なので、これも結局お金の問題です。

私は育児を住み込みナニーに任せているのですが、そのことや、ボーディングスクールに入れようとしていることに対し「愛情がない」と批判されることも多いです。

でも、天皇家だって乳母と一緒に子育てをするのだし、海外留学だって当たり前。そ

ここについて批判する人なんていないのに、なぜ一般人だと愛情不足という話になるのか本当に疑問です。

ちなみに日本は、母親は子どもとなるべく一緒に時間を過ごすべきという風潮がありますが、東南アジアでは、「子どもと一緒にいるよりも学費をいかに稼ぐか」のほうが、「いかに愛情を注いでいるか」の度合いになっている国も多いです。

子どもを大切にする方法は一つじゃない。
自分なりに一番大切にする方法を考えて実践すればそれで良いのです。
大切な自分と家族を本当に大切にするためにも、私達は欲望に蓋をしてる場合じゃないのです！

早急に叶える金額を引き寄せたいなら

さあ、ここまでで、あなたにとって「お金にノーストレスな状態」が明確になってきましたでしょうか？　お金が欲しい！使いたい！いい思いしたい！とお腹の底から思えるようになったでしょうか？

そうなったら、次はお金を今すぐ増やすステップです。

こんなとき、よく「引き寄せる」「降ってくる」という話を聞きますが、私はその表現ってすごく抽象的だなと思います。
貰いたいのか、稼ぎたいのか、借りたいのか、なんなのかをはっきりさせましょう。
さすがに「天から降ってきてほしい」と願う人はいないと思いますが、仮に思っていたとしても、そんなことはありえませんよね⁉

基本的に、手元にお金がくる方法は何パターンかしかありません。
稼ぐか、借りるか、貰うか、増やすか。
だから、どれかをやるしかありません。

仮に、今すぐに10万円が必要という場合。
例えば「ある商品を購入したい、今日中に購入しないと売り切れてしまう」など。
そんな場合であれば、私は「借りる」か「貰う」のどちらかをおススメします。

というのは、お金を自分で稼ぐ場合は、何かを提供しなければなりません。
お金が貰えるレベルの文章や、話、動画、デザイン、商品など、何かしらの準備が必要ですよね。その準備に一ヶ月など、時間がかかるわけです。

借りる場合は、どこでどう借りるかによって、かかる時間が変わります。
例えば、公庫や銀行であれば、一ヶ月くらい。稼ぐ場合とあまり変わりません。
スピーディな方法はカードローン。
金利は高いのですが、一ヶ月くらいで返すなら、金利はほぼゼロです。

そして、親や夫、親戚などに「借りる」「貰う」のであれば、場合によっては1時間くらいで済みます。（借りた場合の金利は相談できるし、ナシの場合も多いですよね）

だから「借りる」もしくは「貰う」のが一番早い。

突然ですが、ここでクイズです。

「稼ぐ」「借りる」「貰う」でも、何でもよいのですが、全部に共通する、「最初にとにかくこれをしないと、絶対にお金は来ない」、ということが一つだけあります！

それは何でしょう？

答えは「お金が必要です」と口に出して言うこと。

伝える相手が

● 自分の夫や親であれば、「貰う」か「借りる」になる
● 金融機関であれば「借りる」
● 例えばフリマアプリや、自分のフォロワーさんなどであれば「稼ぐ」になる

つまり、「私はお金が必要です」と、誰に言うか。

言う先が変わるだけで、それが借りるになったり、稼ぐになったり、貰うになったりしますが、最初にする行動は同じ。「これのために、いくら必要です」ということをまず自分の中で明確にして、誰かしらに言わなければお金は来ません。

「自分はいくら必要です」「いつまでに必要です」「何のために必要です」ということを自分の中で明確にして、口に出すこと。

まずはこれが絶対に必要なステップです。

親にお金を貰うのは申し訳ない？

「親がくれるお金を受け取るとき、申し訳ないと感じます。受け取れるようになるべき？」という質問をいただいたことがあります。

まず私が思うのは、基本的に「〜すべき」なんていうことはない、ということです。

もしあるとしたら、「幸せに生きるべき」ぐらい。

お金だって、受け取りたくないものは受け取らなくていい。

例えば、見知らぬおじさんがいきなり大金をくれると言っても気持ち悪いし、「見返りはいらない」と言われたとしてもなんだか怖くて受け取りたくないですよね。


つまり、受け取りたいお金は受け取ればいいし、受け取りたくないお金は受け取らなければいい。


親からお金を貰って嬉しい、もっと欲しいと思うなら受け取ればいいと思います。

私なら、見知らぬおじさんからのお金は受け取らないけど、親からは受け取ります。

でも親からお金を貰うと「罪悪感に押し潰されそう」とか「罪悪感で自分のことを嫌いになりそう」とか思う人も多いですよね。


だけど考えてみてください。

例えば、**親が亡くなったときに、自分が生命保険の受取人になっているのに、「申し訳ないから受け取りたくない」なんて理由で保険金を拒否する人はいないですよね。**

親からのお金を受け取れない人というのは、親が生きている間に身を削ってまで自分にお金をくれようとすることに対して、申し訳ない気持ちが先に立つということなのだと思います。その気持ち、私もわからなくはないです。

ただ、ここでちょっと親の立場になって考えてみませんか？

我が子にお金をあげようとしたとき、拒否されるより、受け取ってもらえたほうがきっと嬉しいはずです。

私は育児に関しては「したい時だけしています」、「今は全部住み込みナニーがやっています」なんて公言していますが、自分が何のためにお金を稼いでいるか改めて考えてみると、やはり娘に幸せに生きてほしいという思いがあるからです。

たとえ親からのお金を受け取りにくいとは言っても、**学費は誰もが親に当然のごとく払ってもらっていますよね。**親がお金をあげたいというならば、むしろ貰ってあげた方がいいのではないでしょうか。

昔、私の知り合いに「娘が可愛すぎて、自分は塩ごはんを食べて貯金している」というおばあさんがいました。でもそのおばあさんがそうしたいなら、そうさせてあげるしかない。それが彼女の幸せだからです。

結局、お金をあげたいという親の気持ちを素直に受け取ってあげた方が、喜んでもらえるのではないかと思います。

「貯金＝正」「借金＝悪」ってことはなかった

お金を「借りる」ことに抵抗がある人もいると思うので、少し説明させてください。

その前に、改めて「貯金」について。

以前は私も「万が一のときのために貯金は絶対に必要」だと思っていたので、貯金がない自分にずっと罪悪感がありました。

このように「貯金＝正しい」「借金＝悪」と考えている人は多いですが、必ずしもそんなことはありません。

もちろん、何もしなくても数ヶ月程度なら生きていけるくらいのお金を持っておくことは、精神の安定上でも良いことだとは思います。

しかし現代は、金利だけでどんどん増えていった時代とは違ううえに、物価もどんどん上昇しているので、貯金だけでは、お金は減っていきます。

私は起業してから何度か資金がショートしかけたのですが、そのたびに臨時の借金をして乗り切ってきました。

借金を必要以上に怖がる人は多いですが、金融機関での借金は、金利でお金を買っているだけです。

例えば100万円を金利15%のキャッシングで借りて翌月に返済した場合。

金利は1万円ほど。つまり1ヶ月という時間を1万円で買っているのと同じなのです。

というかクレジットカードだって住宅ローンだって、普通に考えれば借金なわけです。

金利だけしっかり計算しておけば、何も怖いことはありません。（※カードローンやキャッ

シング、消費者金融は金利が高いので、基本的にはおすすめしません。1ヶ月後に返せる算段があるときだけにしましょう）

また無駄な貯金の代表的な例として、子どもの学費のための資金があげられると思います。なぜなら奨学金の金利がとてつもなく安いからです。2023年3月時の利率固定方式で0・905％程度なので、もし現金でこのお金を用意するくらいなら、それはそのまま資産運用に回して奨学金を借りたほうが、お金は増えます。

そもそも、この「貯金は美徳」という考え方自体、P57でもお伝えしたとおり、戦時中の国策の一環でしかありません。第二次世界大戦中に、国が資金を調達するために国営の郵便貯金などを普及させて作った文化だったんです。

その前の江戸時代は、宵越しの金は持たないのが基本だし、火事が起きたときには、顧客台帳だけを死守したと言われています。

顧客台帳さえあれば、何度でもビジネスを興して、お金をまた稼げるからです。

今、変化の大きい時代に生きる私達にとって必要なのは、貯金額に安心することより、むしろ江戸時代のような心持ちでいることだと思っています。

そして人生に対する漠然とした不安をお金で解決しようとすると、とても莫大なコストがかかります。具体的な想定が何もない「万が一」のときに備えて貯金しようとすれば、**いくらあっても十分と思えることがなく、ずっと欠乏感を感じた状態になります。**

米ハーバード大学の経済学教授センディル・ムッライナタンと米プリンストン大学の心理学教授エルダー・シャフィールの『いつも「時間がない」あなたに――欠乏の行動経済学』（早川書房）という本に掲載されている、ある実験結果。

これによると、人はお金に不安があると判断力が大幅に低下するそうです。

その実験はインドの農業地帯でおこなわれました。

収穫前で「お金が足りない状況」と、収穫後で「お金に余裕がある状況」の農民に対して、知能検査をしたところ……

正解率は、収穫後のほうが**約25パーセントも高い結果**に。

お金について「目先の欠乏」に視野が奪われている状態では、長期スパンで自分の収入を上げることよりも、目の前の10円単位の節約に一喜一憂してしまい、いつまで経っ

てもお金が増えないという悪循環が生まれます。

これは実際に持っているお金の額に関係なく、「欠乏感」によってのみ決まるそう。

あなたが悪循環から抜け出すためには、まず「万が一のために、貯金はあればあるほど安心」という洗脳から抜け出す必要があります。（P219でも詳しくご説明します！）

万が一のときでも、周りに借りたり、国や民間企業に借りたり、あるいは健康保険や失業保険、生活保護など、どうにかなる方法はいくらでもあります。

特にオススメは、まず家族に貰ったり借りたりすること。

A子さんのようにザワザワする人もいると思いますが、試してみる価値は大。

家族からの借金は、前述のように金利もかからないことが多いし、毎月500円ずつの返済とかでも許してくれるし、場合によっては踏み倒しても実害ゼロですから！

家計簿ムリ派には隠れた才能あり！

長らく貧乏生活を送ってきた私は、当時、自分にお金がない理由を「お金の管理がちゃんとできないから」だと思い込んでいました。

- 育児や老後に必要な資金のニュースを見ては貯金ができていないことに焦り、
- 女性誌で「私の家計術」などの特集を見ては、できていない自分を責め、
- そのたびにお金の管理にチャレンジすること、苦節30年……。

市販の家計簿をいろいろと買ってみたり、大学ノートに自分で罫線を引いてまとめてみたり、レシートを封筒に分類してみたり、家計管理アプリをあれこれ活用してみたり。

新しい方法を知るたびに「今度こそ！」と意気込んでチャレンジしては、リアルに3日しか続かないってことをたぶん100回くらいはしてきました。

本当に何をしてもうまくいかなかったし、お金が増えることもありませんでした。

今、冷静に振り返って思うのが、「家計簿をつけてもお金は増えない」ということ。
しかも**家計管理が苦手な私の場合、どう考えても努力するポイントが間違ってました。**

家計管理がきっちりできる人というのは、嫌だけど必死に努力して頑張ってる人ではなく、そういうことが好きで得意な人なんですよね。

世の中には簿記という資格や税理士という職業があり、そういったお金の計算や管理を苦じゃなくこなせるどころか、わざわざ目指す人までいるわけです。

私も以前、簿記の勉強にチャレンジしたことがありますが、テキスト2ページ目で断念。会社を設立したときにも、さすがに今度こそお金のことを学ばなきゃいけないんじゃないか?と思いつつ、結局何もしないまま今に至ります。

でも、とても有能なスタッフと税理士さんのおかげで、8期目に入った今も順調に売り上げを伸ばしています。専門的にそのことを勉強して知識のある人達がいるのに、**わざわざ自分のリソースを苦手なことに改めて割いたところで誰も得しません。**

もちろん、当時の私と同じような収入でも、上手にやりくりできている人がいること

は知っています。

でも、人には持って生まれた好みや価値観というものがある。

世の中には毎日同じ服でもファストフードでも幸せな人もいれば、オシャレな洋服をあれこれ楽しみたい人やグルメなお店が大好きな人も。

これはどちらが良い悪いという問題ではありません。

自分がそういう風に生まれてしまった以上、その価値観を才能として活かす以外に、どうしようもないのです。

当時の私がすべきだったのは、苦手な家計管理を頑張ってなんとかできるようにすることではなく、自分の収入を、自分の得意なことで上げることだったんです。

私と同じように**家計簿ムリ派な人は、他の「好き」や「得意」な分野での才能を大いに持っているはず。**

それを活かして、収入を上げることを考えてみませんか。

貯まる！家計簿
市販の家計簿
大学ノートにまとめたオリジナル家計簿
…
家計管理…
ぜんぶ三日坊主でした…
食費
光熱費
日用品
レシートや予算を分類
家計簿アプリ

第4章 気付かず搾取される中で、できること

…
小田桐あさぎさんって人が語ってることも分かるけど、私には無理かも
お風呂でもメガネないと見えないん
まじめに働いていけば、そのうち給料やボーナスがちょっとずつ上がるだろうし
それにしても光熱費がどんどん上がってイタイなあ
湯船に入るのって、もったいない気がしちゃう。せめて残り湯は、明日の洗濯に使わなきゃ
残り湯で洗濯
ザパッ
ふう、毎日毎日疲れるけど、明日も会社行くか～
ボー
おはようございます
ねえ、A子ちゃん、最近わたしね、やりたいことができたの
えー、なんですか？

好きなことで副業しようかなと思って
あとね、会社での仕事も、好きなことしかしないって決めたんだ♪
ふふふ♫
そんなことって、可能なんですか⁉
副業って…会社の仕事は…
そりゃ、やってみないとわからないけどね
いつにも増して…
でも今のまま、何も知らずに働き続けると、私たちって損する仕組みになってるらしいのよ
もしかして、また小田桐あさぎさんの講座でも見たんですか⁉
その通り！副業してもしなくても、お金に不安があるなら、知っておくだけでもいいと思うよ〜

教育や世の中に飼いならされる「いい子」ほど……

ここからは、私が講座内のお金の章で力説している内容です。

まずは、私達が受けてきた日本の教育について。

各学校が使う「学習指導要領」ってありますよね（文部科学省が定めている教育課程の基準）。あれは、もともと明治時代に軍事的な教育から始まったもので、海外の教育制度を参考に作られました。

その目的は、そう「軍隊を作ること！」＝「強制

副業や起業したい人も
お給料を上げたい、出世、転職したい人も
お金への漠然とした不安をなくしたい人も
今の社会を動かしている仕組みやルールを知るところからスタートです！

的に嫌な事を頑張らせること」

例えば、学校でいうと苦手な教科を一生懸命がんばる。校則を守る。掃除・給食当番などをこなす。学校は、軍隊で活きるスキルを伸ばす施設でした。

軍隊で扱いやすい人材を育てるのが今の学校教育のベースです。

「え、今の!?」って思った人。はい、そうです。

みんな気づいていないけど、軍事的な教育が、令和の今も続いているようなもの。

軍隊で扱いやすい人は、工場や会社でも扱いやすいから。

学校や会社って頑張れば頑張るほど評価されますよね。

メインテーマやルールは、好きなことや得意なことを伸ばすのではなく、

「苦手なことを克服する」

そのシステムは労働者にも向いていました。

つまり私達って小さい頃から、いわゆる**扱いやすい会社員になるための教育をされて**

きたんです！（衝撃）

私はその昔、「もっとお金を稼ぎたい、お金が欲しい！」と思ったとき、出世するか転職するかこの二択しか思いつきませんでした。（だから7回も転職してます）

それ以外の選択肢を知らなかったとも言えるんですが、それってなんでだろうって考えてみると、その**「苦手を頑張れば頑張るほど評価される」っていうのが染み付いてしまっていた**からなんですよね。（私だけでなく、みなさんもそうじゃないでしょうか？）

だから頑張れば、出世すれば、転職すれば、お金が入ってくるという「勘違い」を引き起こしていた。なぜ勘違いだったかを、これからじっくりご説明します。

会社員は「ちょっとえらい奴隷」だった

私達は古代のピラミッドを作っていた奴隷を可哀想だと思っていますが、会社員の仕事も、基本的に奴隷とやっている事はあまり変わりません。

当時は大切だと考えられていた王様の墓を一生懸命作っていましたが、現代でもみんな何かを一生懸命作っています。

奴隷と会社員は、本質的に何が違うのかを考えると、何も変わらないのです。

また、会社の中で出世するということは、「ちょっと上位の奴隷」になることであり、他の奴隷に指示を出す係になるだけ。どこまでいっても奴隷に変わりありません。

給料を上げたい、出世したい、役職が欲しいというのは、「もっと上級の奴隷になって、もっといい鎖をつけたい」と言っているのと同じです。

足についている鎖がゴージャスになって「えらいだろ？」とやっているのと同じことなのです。

古代人も現代人も同じ

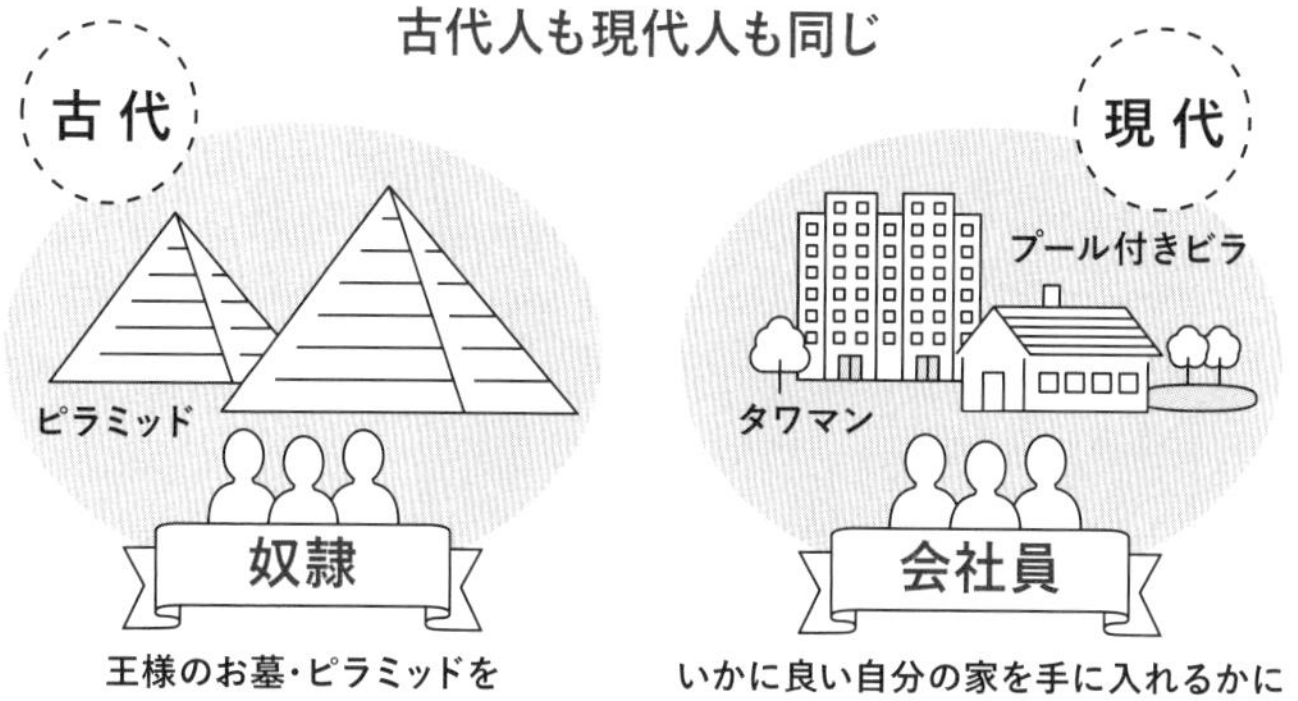

王様のお墓・ピラミッドをいかによく作るかに全力を注ぐ

いかに良い自分の家を手に入れるかに人生を費やす

会社という組織は、どんな組織であっても全て、創業者の「こんな世界を作りたい！」と思い描いた夢を実現させるためにあります。

その会社に属して働くということは、その人の夢のお手伝いをするということ。

自分の夢ではなく、人の夢を叶える手伝いをしているのです。

会社員という名の奴隷から抜けるためには、自分で何かを始めるしかありません。

人の夢を手伝うのではなく、自分から「これをやりたい！誰か手伝って！」と始めた人だけが、自分の夢を叶えられるのです。


そんなわけで、私は女性が自分らしく生きる方法を広めたいという思いから、自分のビジネスを始めました。とはいえ、私もすぐできたわけではありません。

まず、あなたには「自分は自分の夢を叶える事に、自分の時間と労力を使っているのか？」ということを、一度考えてみてほしいです。

この事実を知って一番ショックを受けるのは、ちょっと偉い奴隷になっている人、つ

まり、出世している会社員の方達ですよね。

私もそうでしたし、うちの講座生も多くが会社員です。

でもこれは会社員がダメ、悪いという話ではありません。


自分自身で考えて選び、その選択によって自分自身が幸せになっているのであれば、それはなんだって正解です。

だから、まずは自覚すること。

そのうえで自分の意思でお金と生き方を選び取っていっていただきたいのです。

（会社に所属しながら、お金の問題を好転させていく方法も、後で紹介します）

人がお金を払うのは指示してもらうための代金

奴隷の話と関連しますが、人が生涯で一番支払うのは「人に指示してもらうための費用」です。どういうことか説明しますね。

私がサラリーマンで営業職をしていたとき、もともと1億円ぐらいだった売上を2億円まで伸ばしたことがありました。

……にもかかわらず、私の年収は100万円ぐらいしか上がりませんでした（泣）

売上を1億円増やしたから、少なく見積もっても3000万円ぐらい利益は出ていたはず。なのに私には100万円しか入らない。

どこいった⁉残りの2900万円は⁉って話ですよ。

それはつまり、社長なり部長なりの「私に指示を与えるお代」になったり、会社を経営するための「内部留保」になったわけです。

仮に私が個人で同じ商品を売ったら、私が3000万円儲かったのだから、その2900万円は「私に指示を出してください代」を私が払ってたってことになります。

あと、例えば、自分一人でたこ焼き屋をやれば、売上は全部自分のものになります。

車を買って、機材を揃えて、売れるように始めれば、利益は全部自分のもの。

でも、もしどこかのフランチャイズ加盟店になったら、売上は半分くらい取られます。

なぜならフランチャイズは「売れる仕組み」を教えてくれるから。

美味しいレシピと焼き方はこれ、機材はこれ、料金はこれ、ロゴはこれ、と全てを考えてくれるので、その教えの部分に、自分が売り上げたお金を払っているのです。

というわけで、自分自身で売れる仕組みを考えない限り、すでに売れる仕組みを作った人に「それを考えてもらったお金」を一生払い続けなければいけません。

自分でビジネスを考えて起こして動ける人だけが、利益を全部貰えるのです。


「って言われても、今の私はどうしたらいいの？」


そう思いますよね。でも「欲望リスト」を書いたあなたなら大丈夫。

次に説明するルールの中で、欲望を発揮していくことで、ちょっとずつお金の芽が育っていくんです！

自分も周りも豊かになれる、お金のルールとは

実は、私がこの世界のお金の本質を理解したのは、たった3年前。

ドバイに移住する一年前の２０２０年でした。

最初はお金に関するさまざまな本を読んで勉強したわけですが、その結果、私はまず今の日本（世界）が資本主義国家であるということを知りました。もちろん知識としては知っていましたが、体感としては理解していなかったのです。

お金というのは、資本主義の仕組みをちゃんと知れば、大して難しくなく稼ぐことができるとわかったんです。

しかも私達それぞれの「欲望リスト」があれば、楽しく、自分に合った方法で！

この世界で、どうやってお金を稼ぐのか。

その大前提や仕組み（基本ルール）を、詳しくお伝えします。

知っておくべき大前提と4つの仕組み

いま私達が暮らしている世界で「お金持ち」というのは、いわゆる「資本主義ゲーム」に勝っている人達のことを言います。

スポーツやチェスなどのゲームにルールや勝敗があるのと同様に、資本主義には勝ち抜くための明確なルールがあり、そこには勝者と敗者がいます。

つまり稼ぐというのは、スポーツやゲームに限りなく近いものなのです。

例えばサッカーなら、ボールを足で蹴ってゴールに入れたら点が入り、たくさん点を取ったら勝ち。

でもこのルールを知らずに、ボールを手で触ってしまったり、ゴールに入れなければ勝つことは不可能ですよね。

同じように、お金を稼ぐ、つまり「資本主義ゲーム」で勝者になるためには、まずルールを知り、そのルール通りにプレイする必要があります。

でも、この資本主義ゲームのルールや勝ち方は、学校でも家庭でも、場合によっては会社内ですら誰も教わってきていません。前述したように、日本では労働者としての生き方しか教育されてきていないからです。

だからこの「資本主義ゲーム」のルールも勝ち方も、知っている人が本当に少ない。

それゆえ、多くの人は「自分には稼ぐ才能がない」と勘違いしているわけです。

本当は単にルールを知らないだけで、他のスポーツと同じように、ルールを知り、練習すれば、意外と簡単に勝つことができるようになるんです。

「勝つって大変そう」と思うかもしれませんが、練習していけば必ず上達できます。

そして、例えば年商数千万程度であれば、野球でいうメジャーリーガーにならなくても、中学校の部活レベルの上達で十分。

例えば、卓球部に一年所属していれば、部員ではない同級生よりははるかに卓球が強くなりますよね。これと同様に、日々それなりに資本主義ゲームを練習していれば、年収数千万〜1億円くらいであれば大半の人が得られるようになります。

メジャーリーガーを目指すのは上場企業の創業者を目指すようなものなので、よっぽどのことがない限り目指す必要なんてないのです。

練習すれば大半の人はできるようになるのに、この知識がないために始める前から諦めている人がとても多い。

これは本当にもったいなさすぎます！

まずは知って、試してみましょう。

「お金の大前提」とは

そもそもなぜ資本主義だけがこんなにも全世界で栄え、残ったのか？

それは資本主義が、**人間の「欲望」という、人間の根幹にある本質をベースとしたシステム**だからです。

資本主義では通常、人の欲を満たすことができると、お金が稼げます。

すなわち、**たくさんのお金を持っているというこ**

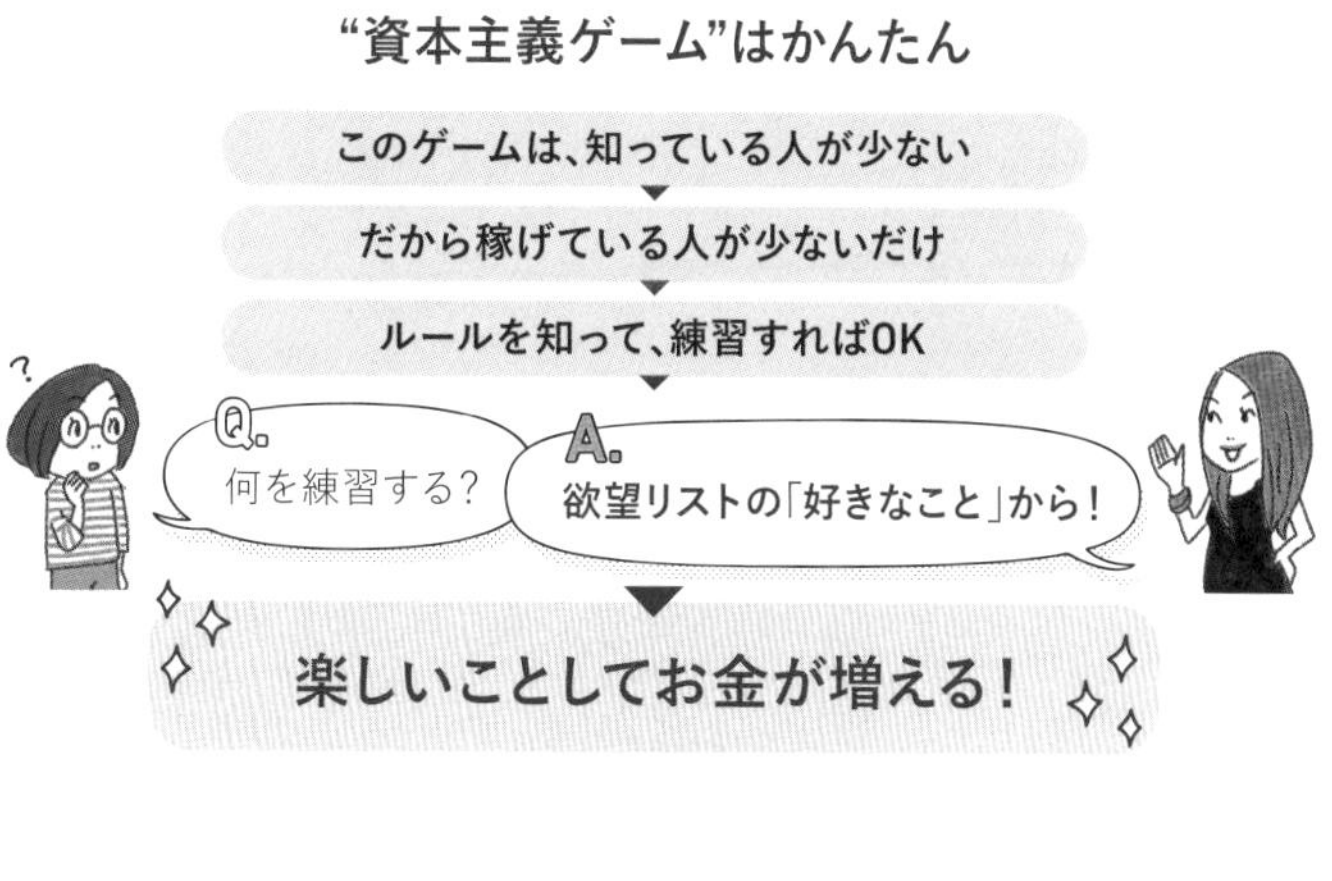
“資本主義ゲーム”はかんたん
このゲームは、知っている人が少ない
だから稼げている人が少ないだけ
ルールを知って、練習すればOK
Q. 何を練習する？
A. 欲望リストの「好きなこと」から！
楽しいことしてお金が増える！

とは、自分も含め、たくさんの人の欲を満たし、喜ばせ、幸せにしたことの証。

そしてたくさんお金を持っていたら、それだけたくさんの人にお金を払うことができます。**自分も周りも豊かにすることができる**のです。

仕組み①　資本（ヒト・モノ・カネ）を出した人が儲かる

資本主義は、実際に自分の手を動かして働いた人ではなく、人が働ける状態を作っている人が、大きなお金を得られる仕組みです。

なぜ、手を動かしてないのに大きなお金が得られるのでしょうか？

理由は、リスクを負っているからです。

まず「リスクを負う人が勝つ」というのが、資本主義の一つ目の特徴です。

例えば本の場合。一生懸命に書いた著者の私には印税が10％しか入らなくて、残りの90％は出版社や書店などに分配されています。

これも資本主義の仕組みで、出版社は私の本を出すというリスクをとってくれていま

す。

　発売前に売れるかわからない本に対して、編集・印刷・営業・PRなど出版に関わるリスクをとっているからお金が入ってきます。

　書店なども同じで、書店や倉庫などの建物を作り家賃を出したこと、本を本棚に置くリスク、流通コストなど先にリスクをとっているから、著者よりも多くのお金が入ってくるのです。

仕組み②　先に出して後で回収

　資本家は先に労力や時間を先行投資して、後からお金を回収しています。

　この「先に出す」が資本家と労働者の違い。

先出しと回収の例（本の場合）

	先出し	回収できるお金
著者	コンテンツ	10%
出版社	編集・印刷・営業・PRなど	60%
書店など	土地代・家賃・流通コストなど	30%

労働者のルールでは、お金は自分が働けば働いた分だけ稼げますが、資本家のルールでは、自分自身ではなく、自分の資本を「働かせた分だけ」お金が稼げます。

汗水垂らして働いているのは労働者なのに、そうではなく株をたくさん持っていて、実際には何もしていない株主のほうに、はるかに大きなお金が入ってくる仕組みなのです。

このように、いくら高収入な会社員であっても、労働者は自分よりも資本家を豊かにするために働いています。労働者は資本主義では脇役でしかなく、「資本家が主役の社会」が資本主義社会なのです。

つまり資本主義ゲームで勝つためにはまず「資本家として生きる」ということが必要不可欠。

そのためには、労働者から少しずつでいいので資本家にシフトしていくことが重要なのですが……

「資本として出せるお金がないから資本家にはなれない」と思ったそこのあなた！

たとえ先出しするお金がなくても、資本家になるためにできることはたくさんあるので、ぜひこのまま読み進めてくださいね。

仕組み③　お金持ちはたくさんの人を幸せにした証

当たり前ですが、お金は一人で歩いてはきません。

基本的にお金は、人から貰うしかないのです。

では、どんなときに人からお金を貰えるのでしょうか。

答えは、P151の「大前提」でも触れたように、その人が喜んだり幸せになったり、欲が満たされたとき、ですよね。

なのでまず「人を幸せにする」、という発想をインストールしましょう。

そうすると、あとで必ずお金をいただくことができるようになっていきます。

繰り返しますが、たくさんお金を稼いでいるというのは、その分だけ人を幸せにしたという証です。

でも「お金を稼ぐのは悪いこと」「人からお金をいただくことは奪う行為」だと思っている人も多いのではないでしょうか。（以前の私もそうでした）

ですが、お金は奪おうとしても奪えるものではありません。

私のコンテンツも「私から買いたい」と思ってくれた人だけが私にお金を払ってくれています。払いたい、と思ってくれる人からしか、お金はいただけないのです。

仕組み④　パイの取り合いではなく、みんな得する

経済学の父と言われている**アダム・スミスが、1776年に出版した『国富論』のなかで「強欲は善、裕福になるのはみんなの為」と唱えている**のをご存知ですか？

日本では、こんな思想を持っていたら冷たい目で見られそうですが、これは世界が幸せになる方法なのだと、私は確信しました。

もっとわかりやすい例でお伝えしたいと思います。

パン屋さんが1万円で花を買って、花屋さんが1万円で髪を切って、床屋さんが1万円でパンを買う。この一巡の後に、最後に何が残ったと思いますか？

手元に残っているお金はみんな1万円で、最初の状態と変わりません。でも、得たものはプラスになっていませんか？　パン屋さんは美しい花が手元に残って、花屋さんは

綺麗になった自分ができて、床屋さんは美味しいパンが手元に残る。
そう、最初の1万円に加え、さらに1万円分の他ののものも得ているのです。

このように資本主義とは限られたパイの取り合いではなく、パイの大きさそのものを拡げていける仕組みになっています。
誰かがお金を払ったら誰かが損をするのではなく、**拡大しながら循環していくことで全員が得をするの**が、資本主義の仕組みなのです。

資本主義はみんながプラスに!

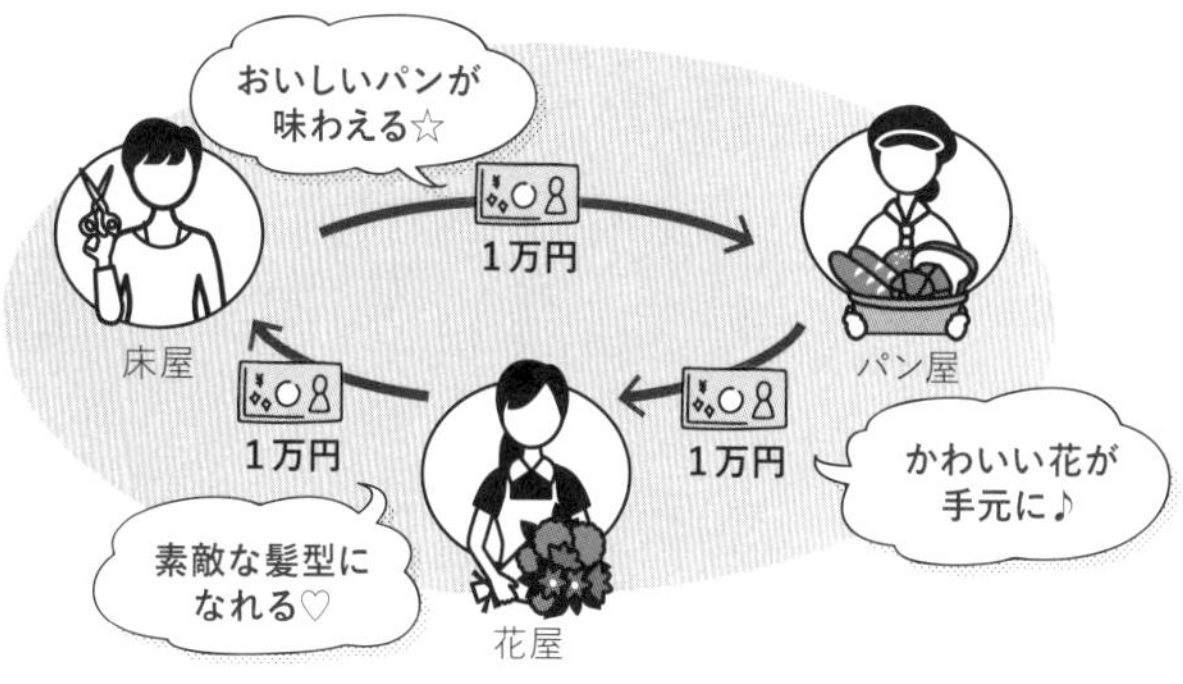

お金がなくても資本家側になる方法

「資本家になりたいけど、今そんなお金ないし」

大丈夫です、**資本は必ずしもお金である必要はありません。**

自分が持っている時間や労力、知識……お金の代わりにそういったものを先出しすれば、あなたも立派な資本家です。

私の場合は、ブログを書いたことがきっかけでした。

それが「資本の先出し」になり、読んだ人が喜んでくれたことで恋愛相談に繋がり、セミナーや講座開催、本の出版という形で、お金になって返ってきたのです。

ポイントは、あなたの好き・得意・ワクワクするもので、他の人を少しだけ幸せにすること。

最初に返ってくるものはお金ではないかもしれません。感謝されたり、口コミをしてくれたり、誰かに紹介してくれたり、といったリターンかもしれません。

でも確実に経験がレベルアップするので、あなたの資本が増えていることになります。

そして、その増えた資本を再投資。

すると今度は、最初よりもさらに大きなリターンが得られます。

これを何度も繰り返すことで、提供できるものや回収できるものが、次第に増加。

やりたいことをやり続けるだけで、どんどん知識もお金も豊かになるスパイラルに入っていくことができるのです。

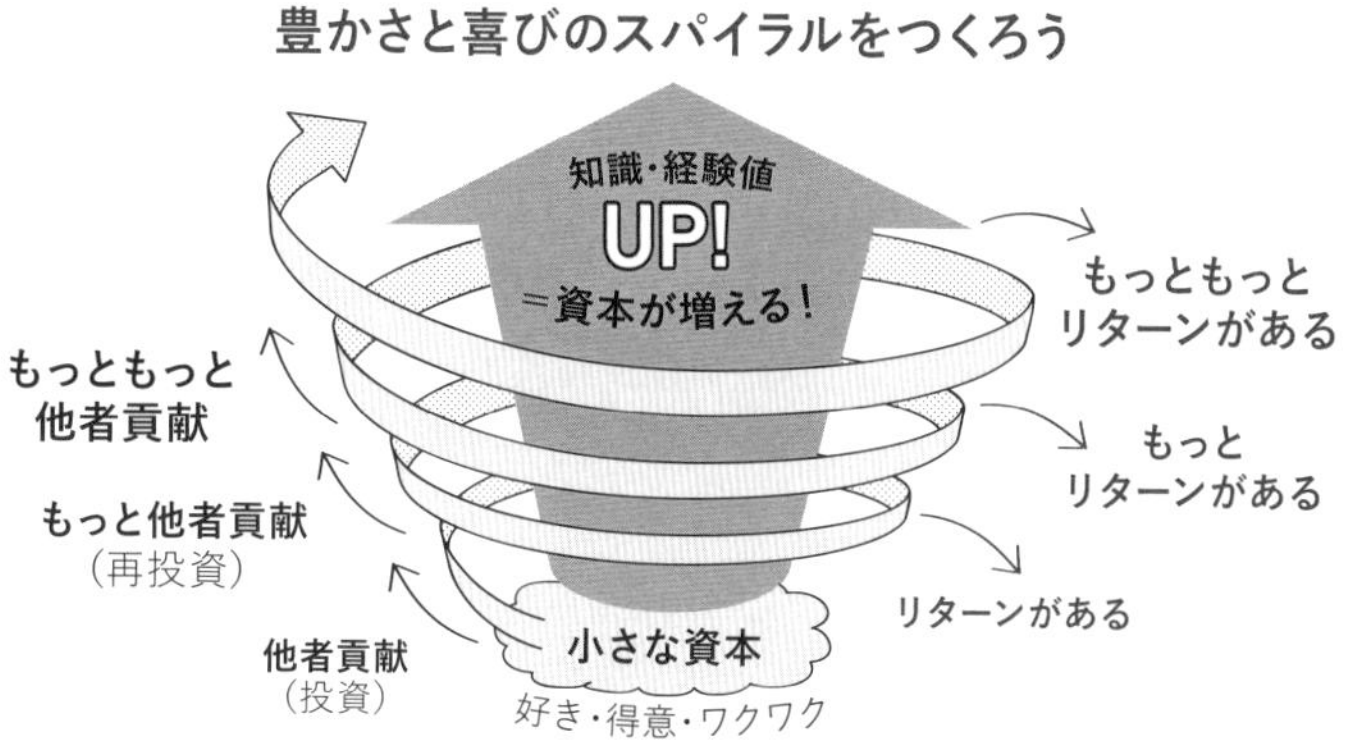
豊かさと喜びのスパイラルをつくろう
知識・経験値
UP!
＝資本が増える！
もっともっと
リターンがある
もっと
リターンがある
リターンがある
もっともっと
他者貢献
もっと他者貢献
（再投資）
他者貢献
（投資）
小さな資本
好き・得意・ワクワク

今の仕事・暮らしを資本にする方法

ここで、みなさんに質問です。

「今していることは、自分の資本として積み上げていきたいものですか？」

どういうこと？と思うかもしれませんが、今まで自分がしてきたこと、そしてこれからの自分がしていくことが全て、「自分の資本」になるんです。例えば……

もし事務仕事が嫌いなのに続けていたら、それが資本として積み上がってしまいます。

もし掃除が嫌いなのに続けていたら、それが資本として積み上がってしまいます。

それよりも、**今やりたいことをして、楽しく資本を積み上げるのが高効率！**

そのための最初の一歩は、嫌なことをやめて、やりたいことだけをすること。

これに尽きます。

嫌な仕事を頑張ってそれなりのクオリティにしてしまうと、この人はできるとみなされ、また嫌な仕事が降ってきてしまい、そのイヤな仕事で資本が育ってしまいます。

しかし、**嫌な仕事には手を抜くと「この人にはこの仕事は任せられない」と判断され、もうその仕事は来ません。**

逆に、好きな仕事を頑張って、そちらのクオリティを上げると、相手が感動してまたその仕事を振ってくるようになるでしょう。

すると、自分の好きな仕事で自分の資本をどんどん積み上げることができ、そこから大きなリターンも得られる、というスパイラルに入っていくのです。

まずは、嫌なことや苦手なことに自分のリソースを使うのを減らし、その分で自分の好きなことや得意なことに取り組みましょう。

まずは、自分が好きなことをとことん愛して、どんどんやる。

そして周りにも「自分はこれが好き・得意だ」と伝えてみる。

若さも時間も体力も頭脳も行動力も柔軟性もあるうちに、やりたいことにチャレンジしないのは、自分の資産を生み出す「資本の芽」を摘んでいることになります。

資本を積み上げる、資本家になる、というと難しく聞こえるかもしれないので

「自分の楽しさをシェアする」

そんな気持ちで考えてみると、動きやすいし、いいアイデアも思いつきやすいかもしれません。

さっき書き出した欲望を「こうなったらいいな～」と夢物語で終わらせず、大切な自分と周りのために、ちゃんと叶えましょう。

一年あれば人生なんてガラリと変わります。

実は簡単な必殺ワザがあった！

世の中には共産主義、社会主義などもありますが、いま世界は完全に資本主義がベースとなっています。

もっと便利に。もっと速く。もっとたくさん。

こうした人間の欲を、諦めずにきっちり昇華することで人類を発展させてきたのが、資本主義というシステムです。

まずは自分自身の「もっとこうしたい」という欲を諦めない。

それこそが、自分と人を幸せにして、人類と社会をさらに発展させていく——。

これが資本主義の本質なんです。

つまり資本主義ゲームの必殺ワザは、「ちゃんと欲を持ち、確実に叶えていくこと」

私がお金を稼げるようになったのも、自分の強欲さに蓋をすることをやめ、自分の欲望を正直に解放したからです。

「お金がそこそこあればいい」と思っている人は、そこそこ以下のお金しか手に入りません。「あれもこれも、そっちも欲しい！」と思って初めて、あれもこれも手に入る可能性が生まれるんです。

資本主義の中で、人がどれだけお金を得られるのか。それを決めるのは、才能や時代や環境ではありません。どれだけ強欲に生きているかです。

このことに気がついたきっかけも、ブログを書き始めたことでした。

それまで何をしても続かず、何一つ変わらなかった私が、なぜブログで変われたのか？

それは、ブログという「手段」を通して、何もない自分のままで堂々と生き始めたからに他なりません。

書き始めた頃の私が自覚していたことといえば、自分にはとりたてて才能や能力はないということだけで、自分にできること、やりたいこともわかっていませんでした。

そのくせ「普通の人レベルでの幸せでは決して満足できない」と思っていた私。

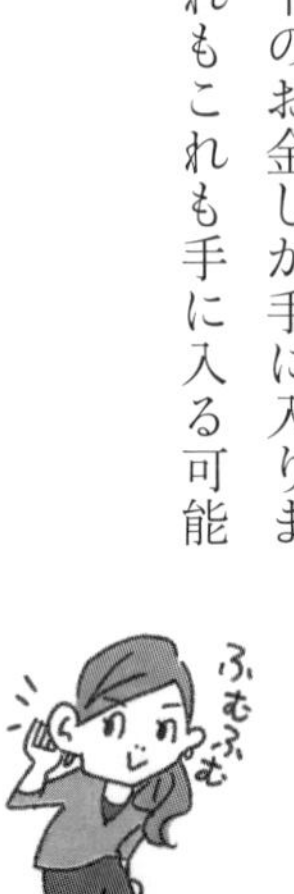

育児も仕事も、世間の常識からすると間違っていると指摘されたり、批判されそうなことばかりしていましたが、世間の常識よりも自分の欲望だけを優先して、**自分は本当はどう生きたいのか？**をブログを通じて世界に公言し続けたわけです。

発信を続けていくうちに、周囲の人から「あさぎさんって魅力的だね」って言われるようになりました。

そのとき、**自分の本音、欲望に忠実に生きる＝強欲であることが、「自分らしさ」であり「唯一無二の魅力」**であることにも、気がついたのです。

始めた当初は、ブログが何かに繋がるなんて考えていませんでしたし、まさか起業することになるとは1ミリも思っていませんでした。

むしろ、起業なんて神のすることだと思っていたくらいです。でも、

- **何か稼げることはないか？　もっといい思いをできないのか？**
- **才能や能力がないのはわかってる。そんな何もない私でもいい思いをしたい！**
- **なんとかさせろー！**

と自分の欲望に忠実に、試行錯誤を繰り返してきたから今があるのです。

ダイエットも同じです。美味しいものは好きなだけ食べたいけれど、運動はしたくない。それでも痩せられる方法はないのか?と探し続けた結果、自分に合った食事法と運動法を身につけ、この半年で8kg以上痩せることができました。

なりたいものになれるのは、なろうとした人だけ。

最初は、本当に何もなくて、欲望しかなかった私。

ですが、その欲望を大切に守り抜き、ありのままの自分で堂々と生きてきたから、自分の理想をつかむことができました。

まずは、「自分が強欲な人間であること」を認めてしまいましょう。

そして、そこに罪悪感を感じるのではなく、むしろ**強欲は才能、自分だけの特別な魅力・自分らしさであるということを認め、隠すのではなくさらに磨いてどんどん発揮しちゃいましょう。**

秘訣は、周囲の人に「そんなの絶対無理だよ」と言われたとしても、自分の欲望を我

慢することなく追求し続けること。

遠慮せずに、自分が抱いているわがままな夢を一つずつ叶えてあげてください。

自分で自分を満たし幸せにする――
それこそが、自分も周囲の人達も幸せにする一番の近道なのです。

もう一度言います。
自分が豊かになるのは、周囲も豊かにするため。
強欲は悪ではなく善なのです。

経済学の父 アダム・スミスは…
強欲は善、
裕福になるのは
みんなの為
―と、唱えている
国富論
Adam Smith
資本主義ゲームの
必殺ワザ
見つけたりっ!!

第5章 会社員のままでもできる お金を増やす準備とヒント

B子先輩は、好きなことがあっていいなー
私も副業できたらそりゃあいいけど、何が好きか、自分で自分がわかんないし
A子さん、いま帰りですか？
ポンッ
C子ちゃん
今夜、小田桐あさぎさんの無料ライブ配信があるって知ってました？
小田桐あさぎです
へー、そうなんだ
今夜は夫が飲み会で遅くなるって言ってたから、見ようかなー
じゃあ、よかったらウチで夕飯食べて、一緒に見ません？ウチ近いんで！
Bar
ここです

ごちそうさまでした
私が料理しようと思ってたのに、結局A子さんにほとんどやってもらうことになって、すみません
冷蔵庫にあったもので作ったトマトのパスタ
ツナサラダ
でも、超絶早いし、楽しそうでしたね♪
タタタター
サッ
お湯わかす間にサラダ作ってパスタゆでてる間にソース作って…
ジャー
サッ
私ズボラだから、いかに手抜きで早く美味しく作るかばっかり試してるんだよねー
お弁当も、ほとんど作り置きのおかずばっかりだよ
すごいですー。私、料理の要領わるいから…
料理した後のシンクのひどさ…

あ、始まったー
こんばんは！
今夜は、会社員のままでもできる、お金を増やす準備やヒントをお話ししますよ
わたしたちにぴったり
みなさんの中には…
会社員は
最強の不労所得
はあ…
たとえば…
しょうもない
ことで
稼いでいい
…
いるでしょ〜
一番ズルいと
思う人の
真似をせよ
目からウロコ…
うんうん
じゃあ何を…
SNSは、
やらなくていい

さっきまで、「私にお金が増やせる可能性なんてない」って落ち込んでたけど、
なんか、やってみたくなっちゃったー！
なにしよー♪
わー、じゃあ私に作り置きおかず、教えてくださいよー
実はもうすぐ例の彼と同棲することになったんです…♡
例の!!
一緒に住みませんか？
ぜひ♡
え、でも、ズボラ料理でいいの？
えーだって
いつもA子さんのお弁当おいしそう～って思ってたし、ぜひぜひ♪
A子のズボラ弁当

会社員は最強の不労所得

4章で、会社員は現代版の奴隷であると書きましたが、それは会社員が悪いとか、いますぐ辞めた方がいいという話ではありません。

繰り返しますが、「自分で選んでいる」と自覚しているのであれば、会社員という働き方でも、もちろんいいのです。

というのも会社というのは、見方を変えれば**自分のやりたいことをやりながらお金が貰える場所だから！**

そう、「自分の資本が積める場所」、ということ！

「私は将来やりたいことがある、そのために練習をする」

と意図して、自分がやりたいこと、上達したいことを、会社で仕事として練習をしながらお金を貰うのです♪

あなたは会社で、やりたいことに繋がる練習ができていますか？

できていない場合は、私の著書『嫌なこと全部やめたらすごかった』6章を読んでみてください。業務内容の見直し方や、上司や部下とのやりとり、転職時のマインドなどが、きっと参考になるはずです。

また、すでにやりたい事があって「時間が足りない」という人は、それを職場で、業務中にやりましょう。

だって勤務時間中、8時間全て必死に仕事しなくても、給料は減らされませんよね。ちょっと休憩として、自販機で飲み物を買ったり、コンビニ行ったり、隣の席の人とおしゃべりしても、お給料は支払われます。

自分の席でブログを書いてても、例えば表計算やメールソフトで書いていればよっぽどのことがない限りバレないし、それで給料が減らされることもありません。

SNSの更新やスマホ内の写真の整理なども、自分の机でやったら良いのです。

フリマアプリに出品した商品の、問い合わせ対応だって可能。

今の時代、在宅ワークならさらに、やりやすいですよね（笑）

という観点で考えると、会社員というのは、実は簡単に不労所得を得られる仕組みなのです。

ここで私がお伝えしたいのは、**勤めていても、選択肢はいくらでもあるということ**。

そうして、転職も含め、自発的に仕事を選び、会社という環境を活用しましょう。

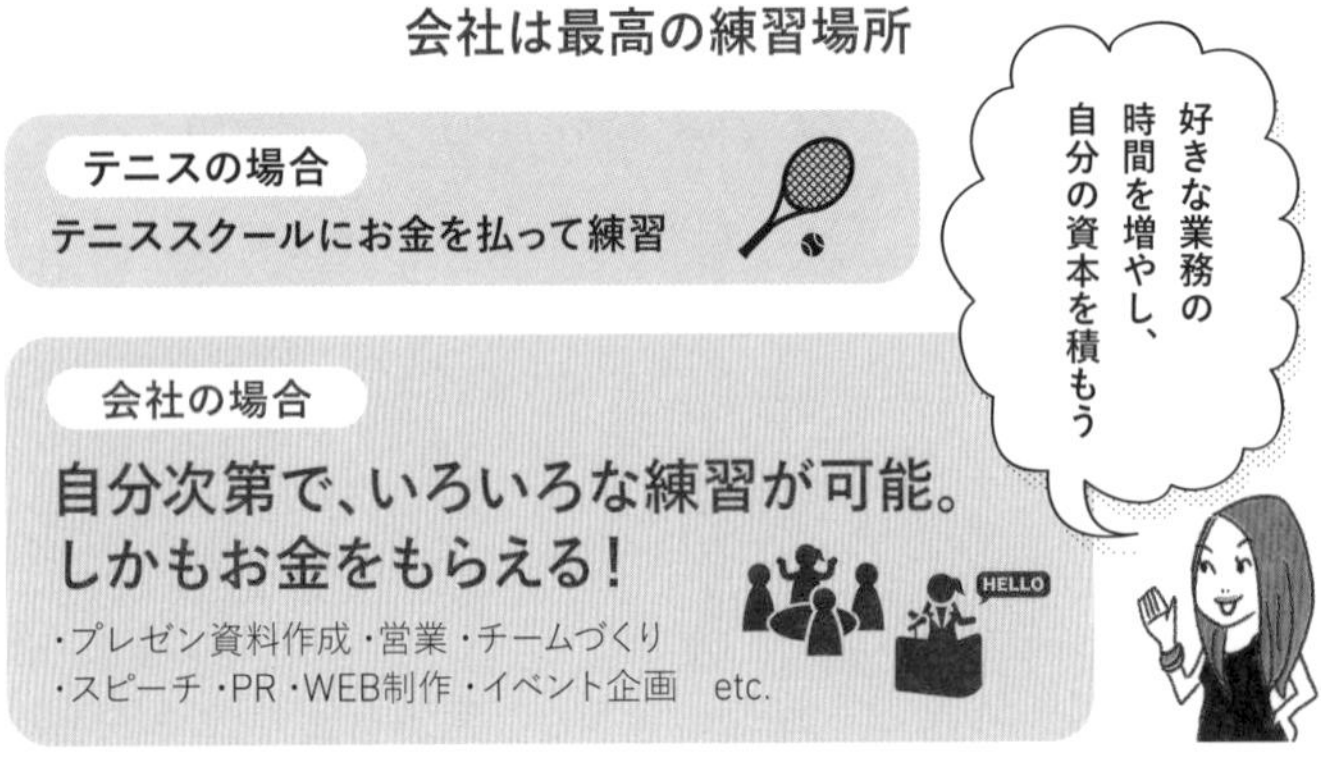
会社は最高の練習場所
テニスの場合
テニススクールにお金を払って練習
会社の場合
自分次第で、いろいろな練習が可能。
しかもお金をもらえる！
・プレゼン資料作成・営業・チームづくり
・スピーチ・PR・WEB制作・イベント企画　etc.
HELLO
好きな業務の時間を増やし、自分の資本を積もう

「なぜ進んで奴隷のままでいるのか？」問題

これまで、会社員は奴隷とか不労所得とかいろいろと書いてきましたが、どれが良いなんてものはなく、自分で選んで、自分が幸せなら全て正解なのです。

ただ、自ら好んでしているわけではないのにもかかわらず、なかなか自分や働き方を変えられない人がいます。

むしろ「本当はイヤだけど働かなきゃ」と考えている人もいますよね。

そうなってしまう理由はズバリ3つ！

①　自分には選べないと思っているから
②　選べると言われても「私には何もできることがない」と諦めてしまっているから
③　「才能がない」と思っているから

「会社を辞めたいけど、私には何もないんです」と相談する人も多いですが、

「まだ練習していないんだから当たり前じゃん!!」って思います。

こういった人には「世の中は練習で出来ている」という事実を知ってほしい!


資本の積み上げというのは、つまり練習ということ。

最初からできる人なんて１００％いません。

「人生は才能で決まるのではなく、何を練習したかで決まる」。これです。


世の中の多くの人は「才能のありなし」で人生が決まると考えています。

しかし、才能が人生に及ぼす割合というのは、実はほんのわずか。

プロピアニストだって、シンガーだって、スポーツ選手だって、才能があると言われている人は例外なく全員、ものすごく練習しています。


練習したら大半のことは出来るようになります。

あなたができていないのは練習していないから。

むしろ才能なんて関係ないと私は思っています。

楽しいことをすれば資本になる

「練習し続けたいと思うほど、好きなものが見つけられません」

そんなあなたは、たぶん難しく考えすぎです。

ヨガやテニスなどステキ感のあるものや、人から「いいね！」と言われそうなこと、世の中で認められそうなこと……

……ではなく!!ただただやっていて楽しいこと。それを続けるんです。例えば

- 文章を書くのが好きだったら文章を書けばいいし、
- 誰かと会話するのが好きだったら、会話をし続ければいい
- あるいは喋りが上手になりたいとか、人の質問に素敵な答えを返したいとか
- 単純に上手くなりたいことでもＯＫ

ただし、注意したいのはこちら。

練習したものを先出しする際、「何モノかになってから出そう」「完璧にしてから出そ

う」と思っている人は多いですよね。

例えば文章や動画が「上手くなってから」「書けるようになってから」「編集を完璧にしてから」。そんなことを待ってたら、いつまで経っても上手くなりません。

だから未完成で出す！　これに尽きます！


私は何事も全部練習でやってきました。

今ではメンバーが1・3万人にもなった私の読者コミュニティでのライブ配信も「喋りが上手くなりたいから」、練習しようと思って始めたもの。

運営しているYouTubeチャンネルも、最初は自分が動画編集を練習するために始めたんです。


「どうしてそんなに質問にスラスラ答えられるのですか？」

こんな練習はOK、NG

✕ **苦手なこと、嫌なことを練習**
それが得意な人、好きな人には絶対に勝てない

○ **好きなこと、上達したいことを練習**
だから続けられる。だから上手くなる♪

「やった方がいいこと」「やらなきゃ」という視点も捨ててください

最近では視聴者の方によく聞かれたり褒められるようになりましたが、7年もやってたらこれくらい誰でもできます。単純にただ練習しただけですからー!!

最初の頃のYouTubeには、今より全然うまく話せていない私の姿が残ってます。

上手くなってから出そうではなく、練習したい！から始めていいんです。

あなたも楽しいことをただただ続けて、それを気軽に出していきましょう。

一度、「楽に稼ぐ」をお試ししよう

「お金は欲しいけど、そもそも仕事をしたくない」

そう悩んでいる人は「仕事」と認識している範囲が狭すぎるのかもしれません。

「仕事というのはこういうもの」という枠が狭いために、そのなかでの仕事をしたくないと思っているだけで、本当の意味での「仕事をしたくない」ではないという人が大半。

それでは私が今、どういう仕事をして稼いでいるのか?というと……

例えばSNSで魅力的な人を見つけて、「この人と話してみたい!」と思ったら、その人に「対談しませんか?」と連絡します。

で、せっかくなのでその対談を配信して公開。

すると、これは私にとっての仕事になります。ノリとしては「ただ話したいと思った人とお茶してるだけ」。それが公開になっていることで、お金が貰える。

他には、ハイブランドのお店で買い物をしている様子を撮影してYouTubeにアップしています。一見ただお買い物をしているだけですが、これも私にとっては仕事。


こう考えていくと、思っているよりも「仕事」の幅はものすごく広いって感じませんか?「仕事をしたくない」の概念も変わってきませんか?


そもそも私が起業したきっかけも、もともと好きでやってた友達の恋愛相談に値段をつけ、お金をいただくようになったのが始まりです。

ただ自分が好きで楽しくやっていた恋愛相談。

ブログで値段を書いた途端に、0円から1万5千円のお金が生まれたんです。

驚くべきことに、私がやったことといえば、自分のブログの最後に「90分1万5千円でコンサルをしています」というたった1行を追記しただけ。

（細かく言えば、申し込みフォームを作ったり決済フォームを作ったりする必要もありますが、やりたくなければ外注で誰かにお願いすることもできます）

もともと好きでやっていたことが、結果的に仕事になる。

これって、めちゃくちゃ楽に稼げることだと思いませんか？

今やっている自分の講座も、周囲からは「大変だね」「忙しそうだね」と言われることもありますが、私にとっては楽なこと。

頻度は3週間に2回程度で、質疑応答を入れて毎回3時間ほど。

全てオンラインなので、1週間半のうち3時間、自宅や旅先から話すだけ。

しかも内容は、全て私が話したいことで、私にとっては友達と飲みに行って、「こう思うわけよー！」と話しているのとなんら変わりません。

それをただ公開でやるだけで、年に4億円も貰えるなら、これはめちゃくちゃ楽な仕事ではないでしょうか？（笑）

こういった話をすると必ず出てくるのが、

「自分のやっていることに値段をつけるのが怖い」

という声。そうなんです、怖いんです。

だから、みんながやりたがらない。やる人が少ない。ゆえに、勇気を持ってやったごくわずかな人だけにお金が集まるという仕組みになっています。

この怖ささえ乗り越えれば、あなたにもお金が集まってくるようになります。（↓怖さについてはP206・214もぜひヒントに！）


仕事とは……？

✕ 何かを頑張る、努力する、苦労すること

〇 **自分がやってて楽なことに、自分で値段をつけてみる**
お茶会や飲み会レベルでできることでOK

あなたが一番ズルイと思う人は？

「でも自分には、『楽に稼げそうなこと』なんてありません！」と思ったあなた。

誰かの稼ぎ方を見て、「こんな稼ぎ方をしてズルイ！」と感じたことはありませんか？

その人こそ、あなたにとっての、「楽な稼ぎ方」を体現している可能性が高いです。


「楽に稼ぐ」とは、自分が苦労なく出来ることに価値をつけること。

例えそれで誰かが憤慨したとしても、それと同じくらい、いやそれ以上に、「あなたがそれを売ってくれることに感謝する人」がきっといます。


ズルイと思う感覚は人それぞれ。

自分にとって大変そうな稼ぎ方をしてる人には、ズルイとは感じませんよね。

「楽そうに稼いでズルイ！」と感じた相手こそ、「あなたにとって楽」な稼ぎ方をしている人です。

そんな相手を批判するのではなく、「その人から学ぶ」という姿勢でのぞんでみるのがおすすめです。

そして楽でズルイ稼ぎ方を教えてもらっちゃいましょう。

逆に、絶対真似をしてはいけないのは、大変な事をしてお金を稼いでいる人です。

最初は「努力して稼いでいる人はすごい！」と思うかもしれませんが、「大変なこと」は続きません。

ビジネスは継続してこそ。

せっかく始めるあなたのビジネスを継続するためにも、「楽に稼げること」をするのは、すごく重要なのです。

しょうもないことで稼いでいい！

じゃあ、楽に稼げることってなによ？

ってことで、私の周りの例をいくつか紹介します。


この例を知った人からよく言われるのは、この言葉。

「こんなしょうもない事で稼いでいいなんて、と衝撃を受けました」

ぜひ次ページの下をご覧あれ〜（爆）

ちなみに、他にも「一般的には、それでお金は貰えないだろう」と思われがちなレベルで稼いでる人なんて、世の中にはたくさんいますし、なんなら一般企業でも同じことが言えます。

「しょうもないか、しょうもなくないか」

それは、「本質的に価値があるか、無いか」とはまったく関係ありません。

例えばタバコ産業。「タバコは健康を害す」って、いまは全人類周知の事実ですが、一大産業として成り立っていますよね。

また、今や大企業になったA社も、以前は「迷惑メール」で稼いでいました。

このように、もともと「しょうもないこと」で稼いできた大企業はけっこうあります。

まあ、「しょうもないこと」、と表現しましたが、自分や誰かが「しょうもない」って感じることであっても、それを知りたい、欲しいと思う人がいる限り、その誰かにとっては価値があることとなのです。

あと、よく自分と「自分がやろうとしていること

しょうもない(!?)仕事例

- サボリーマン講座
- メルカリの始め方
- 自撮り講座
- クルーズ船の体験記セミナー
- 有料で受けた講座のシェア会
- Canvaの使い方を教える
- 有料ランチ会
- 幹事代を貰う
- ビジネスクラスに乗った感想シェア会（5千円）
- 漫画インベスターZまとめ会（千円）
- 小田桐あさぎが、自宅に遊びにくる経験をシェアするオンラインサロン（3千円）
- ドバイへ小田桐あさぎに会いに行った経験をシェアするオンラインサロン（5千円）

を既にやっている人」を比べ、自分のクオリティの低さに悩んで始められない人が多くいます。

でもそれは要注意。

その時あなたの目は「お客様」ではなく「自分の同業者」を見てしまっています。稼げるかどうかは「相手をどれだけ幸せにできたか」で決まる、とお伝えしましたよね。なので、「自分がどれだけ他の人より優れているか」を気にするのは、まったく本質的ではないのです。

多くの人は「知識や技術がハイレベルじゃないと、人を幸せにできない」と思いがちです。でも実は、お客様になってくれる人は、「最初のステップ」で困っている人がものすごく多いもの。なので、**今のあなたが「人よりちょっとできること」で、幸せになれる人がたくさんいるのです。**

例えば私の知り合いで「エクセルの使い方」というブログを書いていた人がいます。最初はマニアックな数式の話を書いていたのですが、あるとき、「コピー&ペーストのやり方」を書いたら、それが一番ＰＶ数の多い記事になったそうです。

そう、**自分にとって、「しょうもない」と感じる初歩的なことであっても、人口のパイで見たら、その情報を欲している人が一番多かったりするのです。**

考えてみれば、全人類、一度は「コピー&ペーストのやり方」を検索したことがあるのではないでしょうか？

もう一つは、「着物の着付け」の例。

「自分は自分の着付けが出来るけど、師範代のような資格はないので、人に着付けを教えるなんてとてもできない」と躊躇していた女性に、私はこう問いかけました。

「自分が着付けを習う場合、身近に着付けが出来る友達がいるのに、まったく知らない高名な先生をわざわざ探して習いたい？」

あなたはいかがですか？　私だったら、本気でマスターするよりも、まずは自分の友達から気軽に習いたい。高名な先生は少し上達してからで十分です。

こんなふうに、自分に置き換えて考えてみると、**「人よりかなり優れていることは、相**

手にとっていかに価値がないか」、わかるのではないでしょうか。

三つ目は、はい、私の例です。

そもそも私が最初に、「こんなしょうもないことで稼げるんだ……」と衝撃を受けたのは、前述した自分の恋愛セミナーに、有料でも人が来たことでした。

当時、私のブログを読んだ知人から、セミナー開催を誘われ、「セミナーなんてできません」と断ろうとした私。でもその知人はこう言うんです。

「あさぎさんは、ブログに書いてあることを、改めて話せばいいだけなんです。参加者は、このブログの内容を改めてあさぎさんの口から聞きたい、という人なんです。ブログに書いてある内容を読むのと、実際にあさぎさんの口から聞くのでは、全然価値が

「人よりちょっと上手」が稼げる

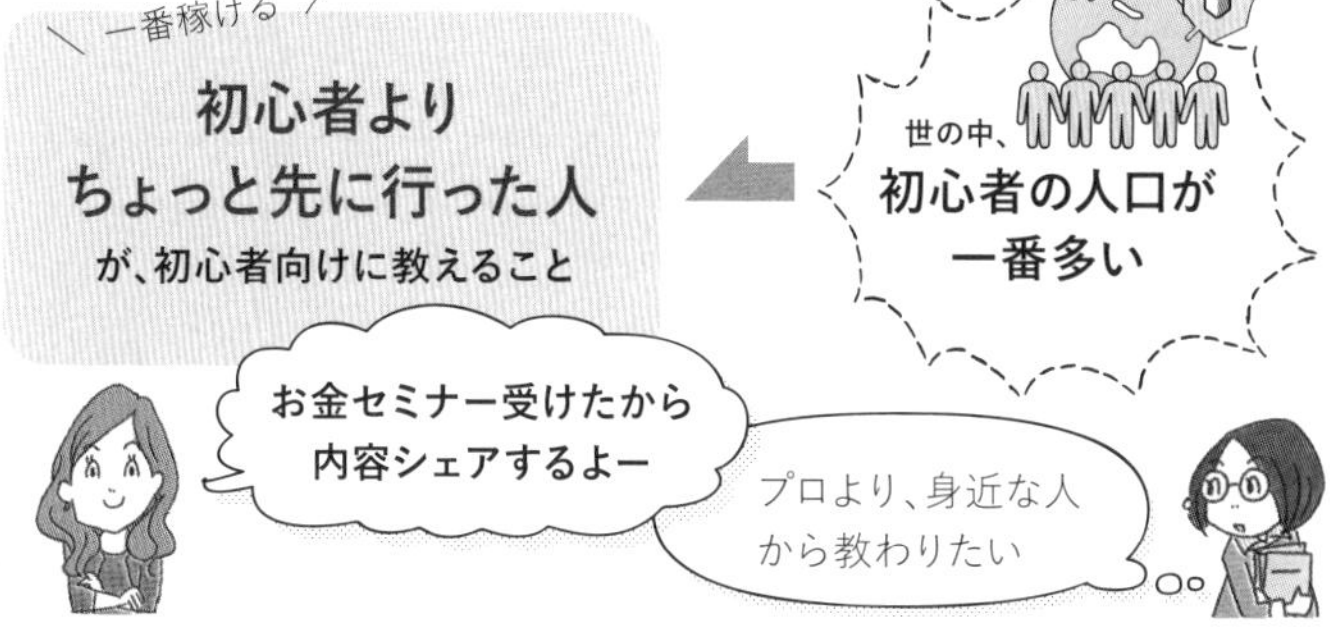
一番稼げる
初心者より
ちょっと先に行った人
が、初心者向けに教えること
世の中、
初心者の人口が
一番多い
お金セミナー受けたから
内容シェアするよー
プロより、身近な人
から教わりたい

違うから」

無料ブログに全て書いてあるのに、それを私の口から話すだけで、価値になる。

それを聞いても私は「えー!?」と半信半疑でしたが、実際にその有料セミナーに参加してくださり、喜んで私の話を聞いてくださった方がいたから、今があります。

「こんなにしょうもないことで、お金を貰って良いの?という気持ちが捨てられません。どうしたら良いですか?」

との質問もよく聞きますが、その気持ち、どうにかする必要はありません。

ビジネスは、どれだけすごいか?で価値が決まるものではないからです。

購入してくれた人が幸せにさえなれば、どんなものでも全て正解なのです。

友達へのプレゼント、って考えてみよう

ここで問題になるのが、「身近な人に提供するのも、お金を貰うのも恥ずかしい」というハードル。でも、3章にも書いたように、お金は勝手に歩いて来てくれません。欲しかったら方法は一つしかなくて、「人に貰う」こと。これが大前提になります。

「えーっ、そんながめついことできない！」と思いましたか？

だけど想像してください。

友達から誕生日プレゼントを渡されたら、躊躇なく受け取れますよね。

じゃあそのプレゼントが商品券だったらどうでしょうか？

もう商品券を貰うって、お金を貰ってることと同義じゃないでしょうか。

そして親や親戚からのお小遣いやお年玉はもちろん、会社からのお給料だって会社の人から貰ってますよね。

そして基本的に嫌いな人に誕生日プレゼントあげようと思う人はいません。

「こいつ大っ嫌いだけど誕生日プレゼントあげたい！」とは、ならない。

- **仲が良くて一緒にいると楽しい、とか**
- **すごくお世話になった人、とか**
- **これからもっと仲良くなりたい人、とか**

何かしらの好意を持ってる人に対して、あげようって思いますよね。


相手から自分への好意や感謝がないと、プレゼントは貰えません。

これはお金も一緒です。

人に好かれ、感謝されない限り、お金って入ってこないのです。


お小遣いは親から好かれているから貰える。

お給料だって、成果を出して会社から好かれている人ほどたくさん貰ってます。

つまり、お金をどんどん得たいのであれば、結局のところ「人を愛し、人から愛される人」になればよいのです。


私はビジネスとは人間理解だと思っています。

● 相手がどうしたら喜んでくれるか
● 理想を叶えるため、何に悩んでるのか
● どこで止まってしまっているか

などをひたすら理解して、相手を全力で幸せにできる人に、お金は集まってきます。

まずは身近な人へ「幸せ」というプレゼントを贈り、喜んでくれたら「お金」というプレゼントを受け取る。

そんな感覚でいきましょう。

ビジネスとは、いわばプレゼント選び

忙しそうだから、
時短できる
美容家電を選ぼう
技ありなキッチングッズを
喜んでくれそう
派手なブランド品をあげたら、
自分の殻をもっと
破ってくれそう

恋愛相談の飲み会
あきぎちゃん 聞いて〜〜!!
うん うん
あたしは こう思う〜
え〜〜っ?、い、いいの?
マジ?
こ、これに 値段つけて いいの?
Amebaブログ
コンサルしてます
90分¥15,000
一って 思ってました。

第6章

「お金持ちマインド×あさぎ流」で満たされ人生

チュン
チュン
今日から産休だ〜。ズボラ料理教室の開催、増やそうかな〜
今、体調いいし♪
オンライン開催や動画販売もしてみたいな〜
めっちゃ売れちゃったらどうしよう
ハイ！今日はこちら！！
ズボラ料理教室
同じ材料で…
こうして自分でお金の不安を少しずつ克服できると、育児も心に余裕が持てそう〜
ベビーちゃん♡
で、でも、嫉妬されたり、あやしい目で見られたり、
あんなことでお金とるの？
いいの？
ただの手ぬき
ねたみ
そねみしっと
「ズボラ料理なのにお金とってる」とか思われるのはザワザワするううう
センパーイ
そうだ、B子先輩に聞いてみよう。副業が順調でめっちゃ稼いでるみたいだし

あー、私も同じこと思ってたとき、あったよー
わかるわかる
でもそれも、あさぎさん流のマインドを知れば、楽しい気分で活動できるから大丈夫！
そうなんですね！
安心♫
ところで最近ブログに副業での年収がすごく上がったって書いてありましたけど、
もう老後に安心な貯金できましたか？
よーし!!
これからは老後のためにお金貯めるっ
不安なしっ
前はそれを目指してたんだけど、実は意味がないってことを知ったんだよね～
だから今度、家族で行きたかった海外に長期旅行してくる♪
両親も招待しちゃう！
えええーっ!?
私だったらお金もったいなくて出来ないですー！

でも、子どもと一生の思い出ができるし、家族みんなの人生の満足度は確実に上がるし、
すごい
すごい
たのしいね
海外初めて
これも広い意味で投資と考えれば、のちのち何かいい形で返ってくるかもしれないな〜、なんて
おおお、そうですね
そうか!!
それに私だったら海外のズボラ料理を現地から発信したり、
海外のスーパーっておもしろい
今日は火を使いません
この缶づめで
帰国後に再現してレッスンしたらおもしろいかも〜。妄想広がっちゃいます〜
やっぱり売れそー！♪
キャー！♪
楽しい！

でしょでしょ♪
あさぎ流で、
人生、アゲてこー！
はいっ♫
そうそう、
C子ちゃんも
副業や起業のこと
知りたいって
言ってたから、
集まりませんか？
ハイスペ君と
婚約したけど、
お金も心も自由でいたいから、
副業の準備したいんです
キラン
ガッチリ
OK！
私があさぎさんから
教わったこと、
シェアするよー
なるほど
メモメモ
わ～！
うちらの1年後が
楽しみです
OK!!
また
連絡するね
1年後…
拝啓
このたび　私たちは
結婚式を 挙げるこ
ハワイにて挙式を
ささやかな宴を
催したいと存じます。
憧れのホテルで
3人の女子会も
しましょうね!!
C子

月収100万円くらいなら、誰でも可能

この章では私がB子さんにレクチャーした「大きく稼ぐためのマインド」や「周りからこう思われたら、こう考えるといい」というアドバイス、「稼げたあとのお金の使い方」などを、みなさんにもお伝えしますね。

がっつり副業・起業したい人は参考にしてみてください。

まず、ビジネスにはルールがあって、その通りにやれば誰でも100万円くらいなら数ヶ月で稼げるようになります。

「いやいやいやいや、さすがにそんな甘くないでしょ～」って思いますよね。

私もそんなこと神にしか出来ないと思っていたし、才能や強運に恵まれない限り、普通の人には無理だと思ってました。

でも私も達成できたし、教えた女性達からも「聞いたときはウソだと思ってたけど、割とすぐ達成できました！」という声があまりにも届くので、今では誰でも稼げると確信してます！

- **もし100万円稼げないとしたら、理由は「稼げることをやっていないから」**
- **逆に100万円稼げる理由は「稼ぐために必要なことをやっているから」**

うまくいかない人は、やり方を間違えているのです。

私達は学校教育で「人の真似をするのはダメ」、と教えられてきました。

だから真似することに抵抗感がある人もいると思います。

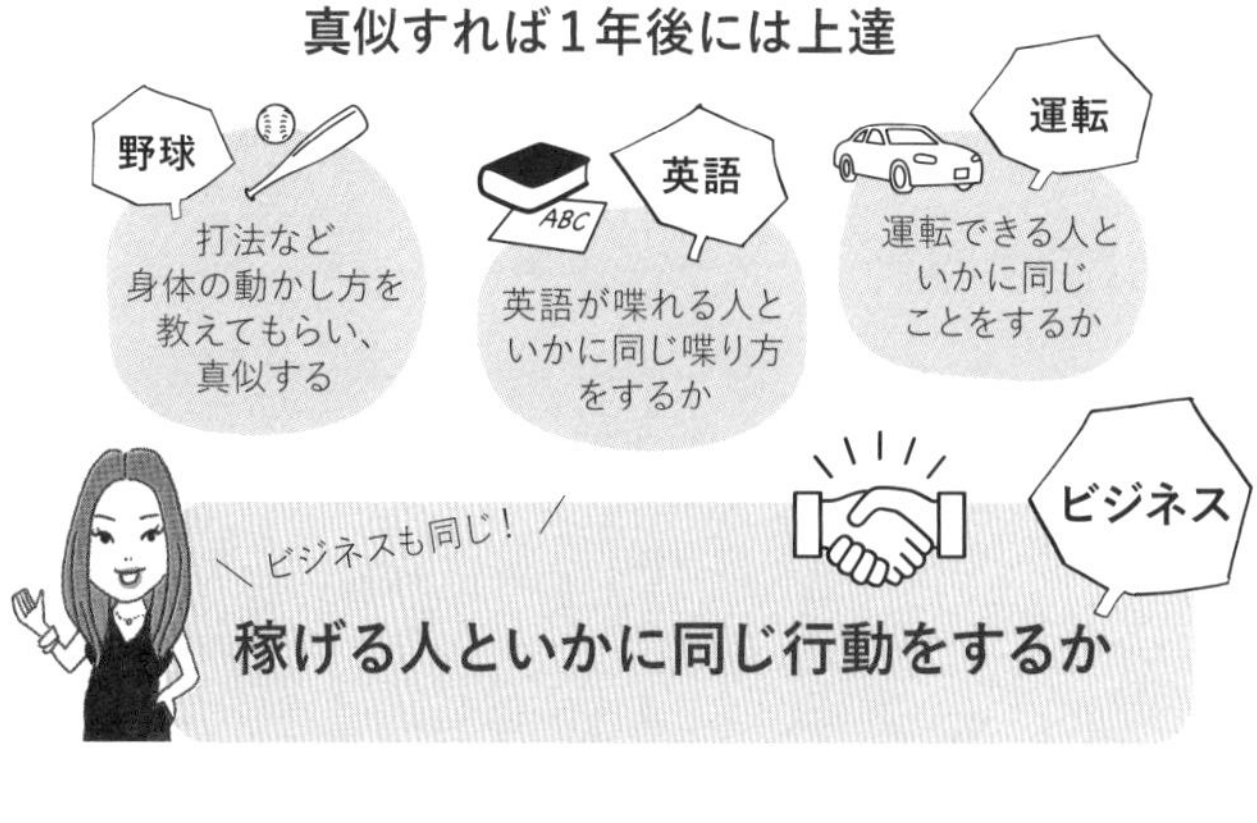
真似すれば1年後には上達
野球
打法など
身体の動かし方を
教えてもらい、
真似する
英語
ABC
英語が喋れる人と
いかに同じ喋り方
をするか
運転
運転できる人と
いかに同じ
ことをするか
ビジネス
ビジネスも同じ！
稼げる人といかに同じ行動をするか

でもビジネスは、手法を真似していいんです。
というか、うまくいっている人の真似をしない限り稼げません。
稼げない人・やり方を間違えている人は、自己流だから。
車を自己流で運転したら事故るように、ビジネスでも自己流は事故に繋がります。

ビジネスは車の運転と同じ。生まれたときから運転できる人はいないですよね？
でも教習所に行けば大概の人は運転できるようになります。
そこに才能や強運はあまり必要ありません。
ビジネスも練習して、出来ることを重ねていけば、いつか必ず出来るようになります。

ちなみに私は運転免許を持っていないので、ビジネスよりも車の運転の方がよっぽど難しいと思います！

ではなぜ「世の中で起業して成功出来る人は一握り」と思われているのか？
それはそもそもチャレンジした人の母数自体が少ないから。
車の免許を持っている人は多いけれど、飛行機の免許を持っている人は一握りですよ

ね？　起業もそれと同じです。そもそも「起業する人」というパイが少ないだけで、やった人はだいたい、うまくいくものです。

ただ、私の元には「起業塾に3つも通ったけど稼げなかった」という人も来ます。

そういう人の特徴はだいたい2パターン。

① 自分の実践を積み上げていないだけ

② 運転と同じで手順があるのに、その通りにやっていないだけ

なので最初は「自分にはムリ」って思わないこと！

ムリと思っていたらムリです。難しいと思っていたら難しいです。

まずは、「才能はないけど、こんな私でも、もっともっといい思いをしたい」「自分は、もっともっといい思いをする価値がある」と考えるようにしてみてください。

全てはここから始まります。

お金の優先順位を爆上げし、人目を気にするのはゼロレベルに

私がいつも感じてるのは、「お金を稼ぎたいと思えない人は、そこまでお金が好きじゃない」ということです。

第1章でも触れましたが、みんなお金に対して執着心がなさすぎます。

お金に執着してしまう自分を責めるのではなく、もっともっとお金に対して、そしてお金を稼ぐことに対して、執着しましょう。

私が稼げるようになった理由は、「お金が欲しい」と素直に思い、実際に稼ぐための行動をとったから。そして、自分流のやり方や細かいことに、こだわらなくなったから。

あと、「こんなことをしたらみっともないかな」「がめついと思われそう」なんて気持ちを持たなくなったこともポイントでした。

人目を気にしていたら稼げるようになんてなりません。

私は、稼ぐためだったら、割となんでもやってます。

こんなふうにお金の優先順位を上げないと、大きくは稼げないんですよね。

お金がない人というのは、人生においてお金の優先順位がけっこう低い。

人にどう思われるかや、自分が楽しいかどうかを優先しているケースが多いと思います。

また非常に多いのが「私ごときでは稼げるわけがない」と思っている人。

というのも、私は「やりたいことで稼ぐ時間を作る」ために、家事代行をおすすめすることがあります。でもそれに対して「家事代行に1300円が払えない」と言う人がいます。それって、自分は1300円稼ぐことなんてできないと思ってる、ということですよね？

例えば、家事代行に支払うのが1300円（1時間）の場合、自分の時給が1500円だとしたら200円のお釣りがきます。冷静に考えたら、プラスになるんです。

それでも、その１３００円が払えないのはなぜでしょう？

プラスになるにもかかわらず躊躇してしまうのは、「私は１時間１３００円以下の人間だ」「私には１３００円稼ぐことができない」と自分自身に言い聞かせてしまっている行為。もっと言うと「自分は稼げない人間だ」と呪いをかけてしまっているのと同じなんです。

また、何度か書いたように、お金の不安をなくすためには貯金が必要と思っている人が多いのですが、貯金なんてあったって、お金の不安はなくなりません。

繰り返しますが、突き詰めていくと、「たとえ貯金がなくても、いつでも私は大丈夫」と思える自分になることでしか、お金の不安をなくす方法はないのです。

困ったときは、人に頭を下げてお金を借りるなり、生活保護を受けるなりができれば、お金の不安というのはなくなります。

正直、稼ぐより、人に頭を下げる方が楽といえば楽（笑）

人目を気にせず、いつでも頭を下げられる自分を準備しておきましょう。

「人にお金を借りるなんて、ましてや生活保護なんて、そんなの恥ずかしい!!」

そんな声があちこちから聞こえてきそうですね（笑）

この世には本当に恥ずかしがり屋さんな人が多いです。

自分がやりたいことをするのも恥ずかしい。

自分が「これが好き」と声に出して言うのも恥ずかしい。


でも本当に恥ずかしいことなんて、冷静に考えれば世の中にはそうそうありません。

「恥ずかしいという気持ちさえ捨てれば、お金はたくさん入ってくる」

私は真剣にこう思っています。


だからまずは「恥ずかしい」と思うハードルを少しずつでもいいから、下げていくこと。最初はものすごくモヤモヤ、ザワザワするかもしれませんが、

「困ったときに頭を下げられる自分になる」「いつでも稼げる自分になる」

この片方もしくは両方ができればお金の不安はなくなります。

お金がなくなる使い方・なくならない使い方

みなさん、まだ「お金を使う＝お金を減らす行為」だと思っていませんか？
お金を使うことでお金がなくなってしまい、果ては破産にまで至ってしまう。
そういう人は全員、残念ながらお金の使い方を間違ってしまっているのです。

間違ったお金の使い方、それはズバリ「リターンなき支払い」です。
これまで書いたお金持ちの思考のように、1万円を支払うとき、その1万円を支払ったことで得られるもの（リターン）に目を向けていないと、ただただお金が減っていくという状況に陥ってしまうのです。

また、「大きく投資すれば回収できる」とか「この知識も足りない、あの知識も必要」と思い、資格やセミナー等にお金を使う人は多いです。しかし学びに多額を投資しても、

それだけで稼げるようにはなりません。

稼げるのは、自分の労力をかけて誰かを幸せにしたとき。最初にすべきは、今ある知識を「まだまだ」と思わず、放出すること。人に話したり、文章で伝えたり、自分の手を動かすことです。まずは、人に「しょぼい」と言われることを恐れずに出してみる。これをせず、学んで学んで、完璧になってからドーンと出そうとしてしまう人は大抵、結局ドーンと出せず、学んでも学んでもシーン……になりがち。

こんなんじゃまだダメと思わずに、小さくてもいいからまずは学んだことを全て出す。それで少しでも回収できてから、その中で再投資。このループを身につけましょう。

あと、女子は現実的な計算が抜け落ちがちですよね。「なんとかなる」では「なんとかならない」(笑)

まあ、こんな私でも、現実的な計算から逃げていた時期があります。

それはP21でも書いた20代前半のカードローン時代。「金利とか難しそうだしよくわからないけど、カードローンでいいや」という、今思えば安易すぎる考えで200万円の借金をしていたのです。

複数の会社からそれぞれ20～30万円を借りていたのですが、当時の私は借金の正確な合計金額や、金利がいくらで、何月何日までに返済すると支払い額はいくらくらいになるのか、そういう現実的な計算を一度もしたことがありませんでした。

ところが、毎月いくらずつ返したらいつまでに完済できるかを表計算ソフトに入れて可視化したら、なんとその月から借金を返せるようになったのです!!

数字ってややこしいし、金利とかわかりにくくなっているし、現実的な計算ってつまらない……。だけどそこを冷静に計算することこそが大事なのです！

何度も書きますが、お金の使い方を間違ってし

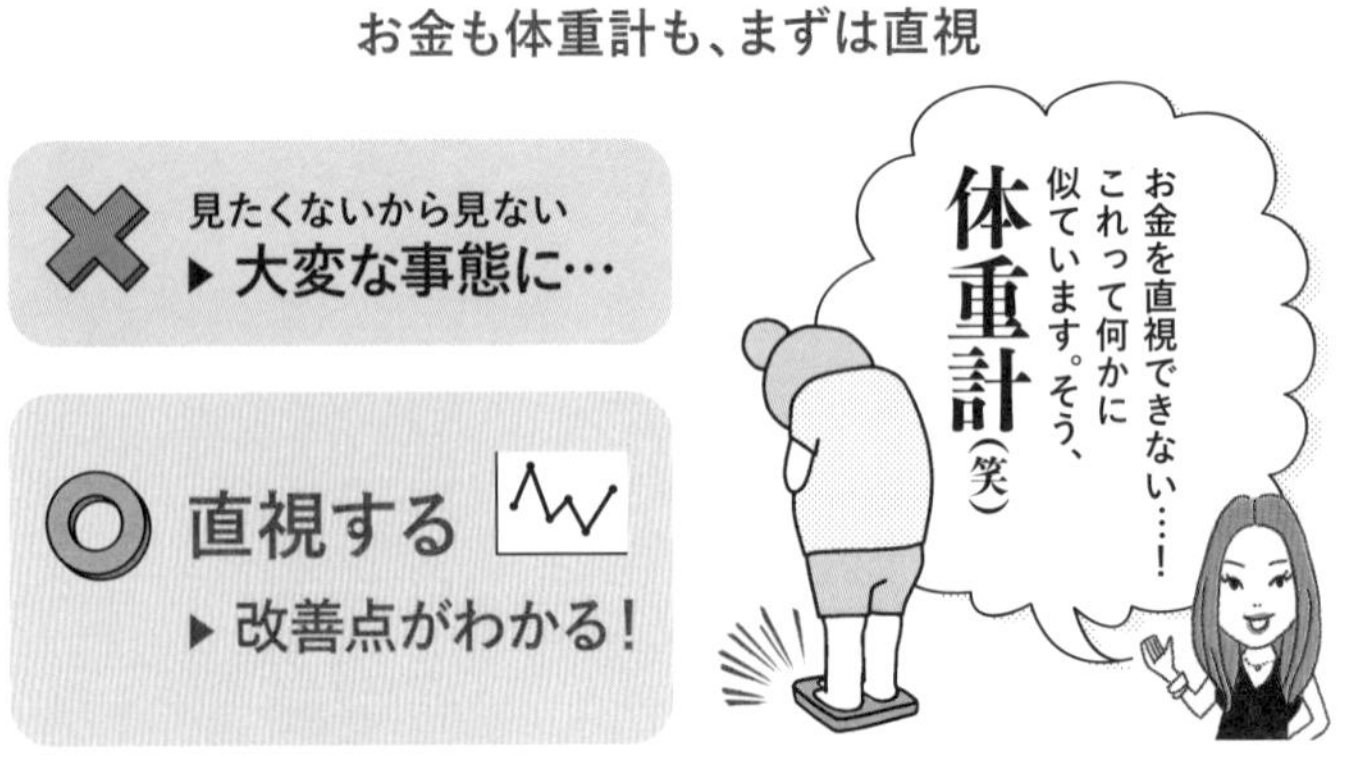

お金も体重計も、まずは直視
見たくないから見ない
▶大変な事態に…
直視する
▶改善点がわかる！
お金を直視できない…！これって何かに似ています。そう、体重計(笑)

まっている人——
それは、お金を支払うだけでリターンとして回収するという考え方や、そのメリット、そしてそこに含まれている価値をみることなく、また現実的な計算からも逃げ続けてしまっている人、ということです。

私が過去にカードローンでお金を借りていたのも、これもお金の勉強から逃げていたから起こったこと。もう少しお金や金利について学んでいたら、カードローン以外の方法を選ぶべきということは一目瞭然。

一番おすすめなのは、なんといってもノー金利の可能性が高い「親に借りる」ですが、親以外でも金利の安い借金なんていくらでもあります。
例えば、自分が住んでいる地域の個人融資など。１００万円前後が１・８％程度という低金利で借りることができます。

こういうことを調べてみる、知ろうとするところから、お金と向き合うことは始まるのです。

他人の得が許せないアンチをどうする？

お金持ちは悪い人、ズルイ人だと思ってた

私は30年間ずっと「お金というのは自分でどうにもできないものだ」という考え方を握りしめていました。

それゆえ、たくさんお金がある人は、「実家が裕福な人、もしくは特別な才能がある人だけ」「苦労したわけじゃないのにたくさんお金を持っている人達はズルイ」と、ひたすら思ってきた側です。

そして「私は実家が一般家庭でこれといった美貌も才能もないから、お金がなくてもしょうがない」と、本気で思っていました。

そんななか、20代の時には、ＳＮＳなどを使って自分の力で稼いでいる同年代がチラ

ホラ出始めるようになります。そういう人達に対する、当時の私の目線はこちら。

- お金持ってる＝怪しい！
- 楽して稼いでる人達＝詐欺！
- ズルしてたり、大っぴらに言えないような後ろめたいことしてるに違いない
- そうでないと、真面目に生きている人がお金持ちになれないのが馬鹿らしい!!

でも、本当は、お金を稼いでいる人達がうらやましかったんです。

「あさぎ、いつか捕まんないでね」

「お金持ちが悪い人」という思い込みは、ニュースなどの影響もあると思います。脱税とかって、直接私達に関係ない第三者のこと。別に知ったからといって誰が得するわけでもないのに、ニュースになっていますよね。こういったニュースを見て、やっぱり、お金のある人は悪いこと、ズルイことしてるんだ！と、思っていたわけですが、冷静に考えてみたらお金持ちじゃない人もいろいろな犯罪を犯しています。そして所得格差による貧困は犯罪の温床になる可能性があると言われています。

私が対面コンサルなどで稼ぎ始めた頃に衝撃だったのは、周りの反応です。
学生時代の同級生から「あさぎ、いつか捕まんないでね」と言われたのです！
しかも母親からも「恨みを買って刺されないでね」と言われる始末。

みんな、この前提なんですよね。
「あさぎがお金を稼ぎ始めた＝悪い事しているに違いない！」、という……。

でも、当時から私は、ブログなど全世界から読める媒体で、「セミナーを○○円で開催します」「参加者○名」と発信して募集し、開催報告なども全て投稿していました。

だから私が稼いでいる方法や収入なんて、計算すれば誰にでもすぐにわかったはず。
そんな状況で悪いことするなんて無理ですよね。

なのにみんな、「お金稼ぐのは悪いこととしてる」前提だから、友人にも家族にも、そんなことを言われてました。

みんな自分に言い聞かせてるんですよね。

● 今の自分を変えたくない。大変な思いや恥ずかしい思いをしたくない
● このままで十分、普通がちょうどいい

そして「自分がお金持ちになれないなら、せめて周りの人にもうまくいかないでほしい、得しないでほしい」と願ってしまっています。

自分が損してでも、他人に得してもらいたくない！と。

大阪大学の研究によると、被験者に集団で公共財を作るゲームをしてもらったところ、米国人や中国人と比較して、日本人は他人の足を引っ張る傾向が強いとの結果が得られたそうです。

そうそう、ZOZO創業者の前澤友作さんが一時期、Twitterで「お金贈り」をしていたときのこと。リプライをみると、「お金が貰える人がいるのは不公平でずるい！　自分はこんなに貧乏なのだから、自分にお金をくれるべきだ」という声がいくつもありました。

こういう声が高まり、前澤さんはイヤになったのか、今現在はお金贈りそのものはし

ていません。こういったリプライをしてしまう人というのは、人の足を引っ張ることで自分が損していることに気がついていないんですよね。

また、よく言われる「自分の年収は自分の周り5人の平均になる」という話をご存知でしょうか。

周りの収入が増えると、自分の収入も増える可能性が上がるという説です。

だから自分の周りの収入が上がったら妬むのではなく、嬉しい気持ちになる方が健全だと私は思っています。

人が得することを妬むのではなく、**どうしたら自分や周りが一番得をするか？だけにフォーカスしたほうが、お金は増えます。**

お金の亡者をどう思う？

以前、このような質問がありました。

「所属しているビジネスサロンの先輩がお茶会など開催してますが、ただ一緒にお茶飲

むだけなのに、飲食費とは別で参加費5000円とるんです。同じサロン内でお金をとるなんて、お金の亡者だと感じています。あさぎさんはどう思いますか？」

これに対する私の回答は「先輩がこれまでお金を払って得てきた知識や経験をタダで貰いたいと考えているあなたのほうがお金の亡者だよ」

このように、人から「お金の亡者」だと思われそうなとき。

実際にはその人の方が、お金の亡者であることが多いです。

稼げても、貯めるだけでは不幸になる

超大事なことなので、改めて日本の貯金信仰の心配点を熱弁させてください。

日本人は世界一貯金が好きと言われていて、2020年12月時点での個人（家計部門）が保有する預貯金額は100兆円を超えました。

さらに、2019年の調査では62％の人が「ボーナスの使い道は貯金」と回答しています。（ベースメントアップ社の調査より）

しかし、私は貯金をすることで人生は幸せにはならない、逆に**銀行口座の残高が増えることにフォーカスしてしまうと人生が不幸になってしまうと確信しています。**

貯金には「絶対に安心」なゴールなんてない

友達からの誘いも断り、行きたい旅行にも行かず、欲しいものも買わないで、安心のために必死にお金を貯めても、いいことなんて一つもありません。

将来、病気や事故、災害に巻き込まれたときの不安のために貯金する人は多いですが、どんなにお金を貯めたところで「絶対に安心」なんて状況は訪れないのです。

どれだけ頑張っても、おそらく高額な最先端の医療費には全然足りないでしょう。

そして仮に1億円を高額医療費に費やしてみたところで、その生活はひたすら病院のベッドで毎日、ただ息をしているだけ。

さらにもしそのまま死んでしまったとしたら、その1億円はただの紙切れです。

たくさんのやりたいことを我慢してお金を貯めて、その末路がこれというのは悲しすぎます。

だったら、それまでの人生の20〜30年で「自分の人生を幸せにするもの」に使っておけばよかったのに！と、残された自分の子どもでさえも思うことでしょう。

ありもしない「安心」のために、「貯金」を人生のゴールにしたり、自分の時間や労力を「貯金」最優先にしてしまうと、不幸にしかならない、と私は思っています。

貯金が不要になる生き方もある

前述したように、日本人の貯金信仰の背景には「人にどう思われるのか気にしすぎる」ということがあります。みんな「いざ」というときのために貯金をしようとしますが、その「いざ」の怖さや不安を深掘りすると、どんな要素でしょうか？

私がもし「いざ」お金がなくなったら、いろんな人に「今日、泊めてください」「ごはん食べさせてください」「お金貸してください」と頭を下げればなんとかなると思っています。みんなプライドがあるから、それができないだけ。

これまで何度も書いてきたように、日本には生活保護や破産制度や素晴らしい医療保険があるのに、人にどう思われるのかを気にして誰にも頭を下げなくてすむように、貯金しちゃう。

「お金なくなりました」って言うのが恥ずかしいから、今やりたいことを我慢して、辛いことも頑張って、いろいろなものを犠牲にして貯金をしているわけです。

繰り返しますが、人にどう思われるのかを気にしなければ、貯金は不要になるし何も怖くないのです。

いつ来るかわからない「いざ」ってときのプライドや恥ずかしさより、今お金を有効に使うほうが、人生は遥かに充実するのです。

人生をより良く変える、究極のお金の使い方とは

じゃあ、どんな使い方をするといいのか？

これまでも2章を中心に少しずつお伝えしてきましたが、いま私は、高額な物に迷ったらこう考えるようにしています。

「それを購入して、私の人生の1年後や10年後の人生がよくなるか？」

銀行口座にお金を置いておいても、残念ながら人生は何も変わりません。お金は使わなければただの数字です。

例えば、高額な学びや旅行に「こんな大金を払っていいのか」と迷う人も多いです。でも何もしない人生と、新しいことを学び・新しい人と出会い・人生観を変えるような気付きを得る人生。

どっちが1年後に良くなってると思いますか？

そうして変化した自分の10年後と、何もしないままの自分の10年後。どれだけの差が生まれるでしょうか。

世界一の投資家ウォーレン・バフェットも言っています。

老後やいざというときのために今自分がやりたいことを我慢するのは「セックスを老後の楽しみにしようと取っておくのと同じことだ」と。

貯金より自分に投資するほうがコスパもいいし、究極とも言えるお金の使い方なのです。

これからの10年、あなたの人生もどれだけ変化するのかとても楽しみです。

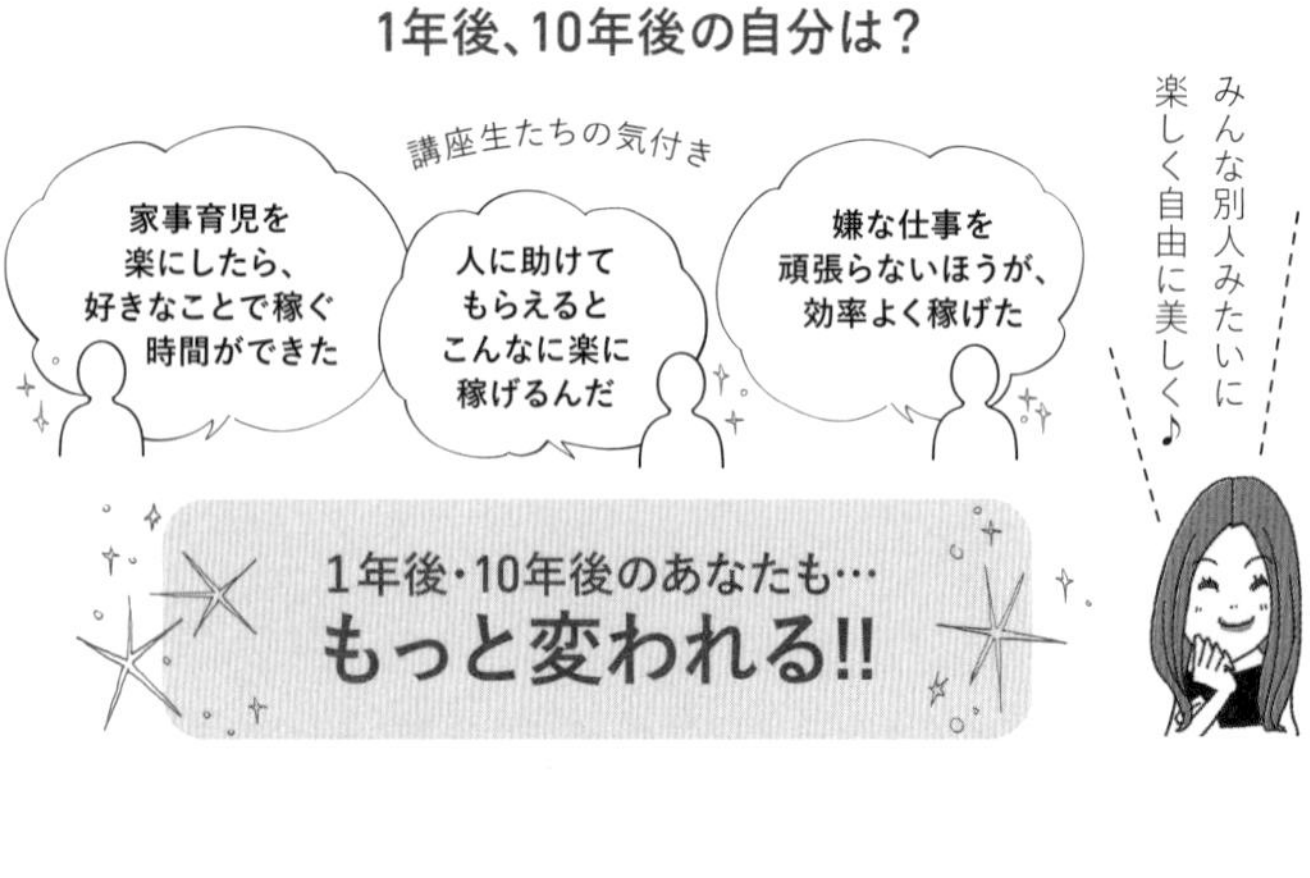
1年後、10年後の自分は？
講座生たちの気付き
家事育児を楽にしたら、好きなことで稼ぐ時間ができた
人に助けてもらえるとこんなに楽に稼げるんだ
嫌な仕事を頑張らないほうが、効率よく稼げた
みんな別人みたいに楽しく自由に美しく♪
1年後・10年後のあなたも…
もっと変われる!!

満足度の高い〝配当〟を長く貰うには？

ここで、人生で長くリターンを貰えるお金の使い方を紹介したいと思います。

それは「あのときのアレは本当に良かった！」と何度でも思い返したり、何度でも楽しい気分を与えてくれる使い方です。

例えば、家族でのハワイ旅行に50万円払ったとします。その旅行の「5日間」にかかる金額が50万円と捉えると、高く感じるかもしれません。

でも実は、**生涯にわたって「あれは本当に素晴らしい時間だったな〜！」と繰り返し思い出して幸せに浸ったり、家族や友人と盛り上がったりできる**ので、50万円というお金は、旅行の5日間で使い切ったことにはならないのです。

そんなわけで私は、なるべく後から思い出せるような経験にお金を払うようにしています。物にお金を使うと、買った瞬間は嬉しいのですが、そのあとは物自体の魅力も色褪せていくし、後から「買ってよかったな〜」と振り返ることは、わりと少ない。

一方、思い出は、後から何度でも「あの経験よかったな〜」と幸せな気持ちを感じさせてくれる。


そう考えたとき、私は、自分の人生の残り時間よりも、自分の両親の残り時間の方がはるかに短いということに改めて気づきました。

だから義理の両親に、マンションと車をプレゼントすることにしたのです。

甥っ子がまだ小さい今の時間は、二度と戻ってこない。今、甥っ子と楽しい時間を過ごせる広い家と、妹夫婦も全員乗れるサイズの車を、昨年贈りました。


さらに自分の老後のお金の使い方についても、真剣に考えました。

結局、貯金を1億円持っていても、死後の世界には1円も持っていけません。

「老後のために貯金しなきゃ！」と思っている人は多いですが、老後にお金を残したところで、老後は今ほど活発には動けず、今できる旅行と同じ旅行ができるわけではない。

本当は「今」旅行に行きたいのに、その気持ちを我慢して老後に資金を残しても、今と同じ経験は二度とできない。

行きたい場所も、やりたいことも、若い時と同じような熱量では、決して出てこないのです。

想像してみてください。おばあさんになり、体もあまり自由に動かなくなったあなた。そのときに、何が残っているかというと、それはやっぱり「思い出」なんです。

80歳のときにハワイ旅行はできないかもしれませんが、昔のハワイ旅行の写真を見返して「このとき、楽しかったな〜」と思い返すことができたら、それはすごく幸せな時間ですよね。**あなたの思い出、幸せな記憶、これらは誰にも奪えない、人生最期の瞬間まで残る、あなたの貴重な財産**。

若い頃から、元気なうちにできる経験にたくさんお金を使うこと。

それこそが、私は老後の幸せな時間も見据えた、価値あるお金の使い方だと思います。

時間は、絶対にお金で買うことができません。今ある100万円と、老後の100万円では、その価値がまったく違うのです。旅行や美味しい食事、一生忘れないような感動体験。人に思わず話したくなってしまうような素晴らしい経験。

人から「あれ何!?」と聞かれるような体験。そのような経験の価値をみくびってはいけないのです。「このハッピーを、このワクワクを与えてくれるお金、ありがとう！」と思いながら、私は「今しかできないこと」に、どんどんお金を使っています。

あなたもぜひ、お金のリターンを意識して、心に残るような経験にお金を使っていってくださいね。

今のあなたのことも、将来のあなたのことも、きっと幸せにしてくれるはずです。

……と、そんなふうに考えている私にも、お金の使い方に関してとても後悔していることがあります。それは私が10代の頃。

当時、友人達がイタリア旅行の計画を立てていたのですが、私は留学資金を貯めていたため、自分一人だけ行かなかったのです。

でも私は、小学生のときから実はイタリアに憧れていました。特にモッツァレラやパルミジャーノなど、イタリア原産のナチュラルチーズが大好きだったのです。

当時それらはどこでも食べられるものではありませんでした。だからたまに食べられる機会があったときは本当に大切に嚙み締めるように味わっていたし、いつか必ず本場

に行って、飽きるまで食べたいと夢見ていたのです。

帰国した友人から写真と共に「モッツァレラが多すぎてむしろ残した」という思い出話を聞いたときは、本当にうらやましかった。

そして時は経ち、37歳になった私は、ついに初めてイタリア旅行へ！　ようやく現地でモッツァレラを堪能する機会に恵まれたわけですが、そこで感じたことは
「これ、近所のスーパーでいつも買ってるのと同じ味じゃん!!」

この20年で、世界の食品の流通システムは格段に進化しました。イタリア産モッツァレラは、貴重なものではなく、そのへんでいくらでも買えるものになってしまっていたのです。


楽しみを先延ばしにしてしまったばかりに、いざそれを手にするときが来ても、もうあんまり嬉しくなくなっていた。


このエピソードを思い出すと今でもとても悲しくなります。

そして、お金がもったいない、ということを理由に、楽しさや経験を先延ばしにしてはいけないと、改めて強く感じるのです。

もう一つ、後悔した例を書きます。しつこいようですが、本当に後悔していて、みな

さんには同じ経験をしてほしくないので、もう少し付き合ってください。

それは長女が4歳だった頃。当時の娘はアンパンマンが大好きで、おもちゃ屋さんに行ったときにアンパンマンのおもちゃを欲しがったのです。

でも私は「どうせ買ってもすぐに飽きるだろうし」と真剣に取り合わず、買いませんでした。しかし半年後、また別のおもちゃ屋さんに娘と行った際、なんとその同じおもちゃを欲しがったのです。

「その場の思いつきじゃなく、本当に欲しかったんだ！」

私はとても後悔しました。こんなことなら、半年前に買ってあげれば良かった。そしたらこの半年間、このおもちゃで遊ぶことができたのに、と。

現在8歳になった娘はｉＰａｄに夢中。もうおもちゃ類は何も欲しがらなくなりました。

考えてみたら、アンパンマンのおもちゃを楽しめる時間なんて一瞬です。

私達も同様に、そのときに楽しめなければ、その機会はもう二度とこないのです。

人の記憶にも残る使い方こそ、計り知れない豊かさを生む

お金は、自分だけではなく、「人の記憶にも思い出を残す」という使い方をすると、幸せがさらに拡大していきます。

『DIE WITH ZERO 人生が豊かになりすぎる究極のルール』（ダイヤモンド社）という本に、「金は稼いでいても、一緒に時間を過ごせず、経験も共有できないのなら、それはむしろ子どもに大切なものを与えているのではなく、奪っていることになる」という一節があります。例えば、

- 子どもにお金をかけてあげたいから、もっと働く時間を増やしてお金を稼ごう
- 子どもにお金を残してあげたいから、家事代行は使わないで節約しよう
- 結果、苦労や我慢が増え、子どもと一緒にいるときにも、常にイライラ。つい怒鳴ってしまい、あとから自己嫌悪……

こういうすれ違いは親子で頻繁に起こることだと思います。

子どもを深く愛しているからこそ、良かれと思って頑張っているからこそのすれ違い。

多くの方からこの悩みを相談されるたびに、深く心が痛みます。

解決策は、逆説的ですが、子どものことよりも、母である自分自身が、もっと笑顔で幸せに生きられる方法を考えることです。

子どもは子ども自身で幸せになれると信じ、自分は自分の幸せに注力すること。

そう考えた結果、私は子どもとはいつもの日々をたくさん過ごすよりも、いろいろな経験を一緒に楽しみたいと考えるようになりました。

私は普段、料理や洗濯、学校の送迎などの子どものお世話はほぼしていません。

というのは、自分自身がこれらをしていても別に楽しめないし、子どもの幸せな記憶にもあまり残らないと思うからです。それよりも行事や旅行など「心に残るような経験」に、子ども達が小さい頃からとても熱心に取り組んできましたし、その経験を一緒にするために、今までお金を稼いできました。

子どもが小さく、家族で一緒に楽しめる時代というのは、長いようで一瞬。

未来にお金を残すのではなく、今しかない家族で過ごせるこの時間に、たくさんお金を使いたいと思っているのです。


そんなわけで子ども達が小さい今、家族旅行の第一優先は「子どもが楽しめる場所」。自分が行きたい場所は、彼女らが大きくなってから行こうと考えています。

子ども用のウォータースライダーがあるプールや、動物とふれあえる動物園などは、子どもがもう少し成長したら、行きたいと言わなくなるでしょう。

そうなると、もう二度とその場所を楽しめる日はこないのです。

その限られた時間で、娘達とたくさんの思い出を作りたい。

お金が理由で、思い出作りを諦めるなんてことはしたくないと思っています。


あなたが、自分自身や、大切な人と、人生で一番したい経験は何ですか？

この世に一人しかいない、大切な自分。その自分がやりたいと思っていることなんだから、それってとても大事なことなのです。

大切な自分に、大切な人に、素晴らしい経験をプレゼントしてあげましょう。

ぜんぶ叶う世界があった!!
好きなこと
好きな仲間との
仕事
HAPPY BIRTHDAY
夫や子どもとの
サイコーの時間
刺激をもらえる
メンバーと
海外旅行
結婚は
墓場だと
思ってたけど…

おわりに

「お金が全てではない」

これは事実ですが、豊かな人生経験の大半は、実はお金で得られます。

お金を諦めない自分になって、本当によかった。

自分の人生も、家族の人生も、諦めなくて本当によかった。


私は昔、子どもが生まれたら不自由になると思っていました。

でも娘が生まれ、仕事と家庭の両立に悩んだことから起業することができました。

そして娘の教育に悩んだことがきっかけで、夢だった家族での海外移住も実現することができた。どちらも娘がいなければ絶対に実現していなかったと思います。

娘が私の人生にたくさんの経験をもたらし、私の人生をどんどん自由に、幸せに、そして豊かにしてくれたのです。

私は普段、娘達のお世話は住み込みのナニーに任せています。
朝起こすのも、朝食作りもお弁当作りも、着替えや持ち物の準備も学校への送迎も、夕食作りも歯磨きも、全てナニーが担当。

私は、家にいるときも仕事や自分のことに時間を使っていて、娘とは会話したりハグしたりするくらいしかしないし、なんなら旅行や出張でそもそも家にいないことも多々。
日本では育児をはじめとして、無関係な他人のことをとやかく言う人が多いですよね。
だからこんな私の育児スタイルについては、批判を受けることもたくさんあります。

でも、どんな家族であっても、我が子のことを一番考えているのは、他人より両親でしょう。悩んだり、壁にぶつかったりしながらも、手探りで子育てしているのはどんな母親でも同じ。

私は私なりに、真剣に家族を幸せにする生き方を模索し、実践しているし、うちの娘達の幸せを誰より願っているのは、絶対に自分だという自信があります。

また、私のビジネスの根源には、「世の中の虐待を無くしたい。そのために家庭と仕事を楽しく両立できる社会を作りたい」という想いがあります。

そして誤解を恐れずに言ってしまうと、家庭内の悲しいいさかいや、イライラというのはほとんど、実はお金で解決できてしまいます。

なんのために仕事をして、なんのためにお金を稼ぐのか？といったら、それはやっぱり、自分と、そして大切な家族や周りの人達を幸せにするためです。

自分自身を世の中でめいっぱい発揮して、たくさんお金を稼ぎましょう。

そして大切な自分や家族や周りのために、たくさんお金を使いましょう。

貧困や、いじめ、虐待……つらいニュースを聞いて同情し悲しむ暇があったら、まずは自分がお金を稼ぎ、自分と自分の周りを幸せにしていきたい。

自分と自分の周りすら幸せにできない人に、社会を変える力なんてありません。

一人ひとりがそういった自覚を持って生きていくことで、いつか必ず世界は幸せな方向に変わると、私は信じています。
あなたの魅力が世に放たれるのを楽しみにしています。
この本がその一つのきっかけになれば、とても嬉しいです。

小田桐あさぎ

＊執筆協力（順不同・敬称略）

浅山まさみ／山田恵子／後藤友希子／佐野喜子／曺鮮珠／儀間千佳子／田中リオ／岡部文恵／永井寿枝／永嶋華梨菜／垣谷夢子／橘英華／宮地ひとみ／古山つぐみ／今井迪代／山田愛子／春野まさこ／小瀬朋子／小川祐子／小林新／瀬戸ゆかり／星村阿弥／清水美由紀／千葉里英子／前田葉子／多田ゆみこ

小田桐あさぎ
（おだぎりあさぎ）

株式会社アドラブル代表

1983年札幌生まれ。厳しい母の元で幼少期から一見いい子に育つが、高校（進学校）在学中に爆発し、社会人生活をスタートさせる。20代は転職を繰り返すも手取り20万円以下、30代で年収500万円台となる。第一子妊娠中に始めたブログが評判となりコンサル依頼が増え、起業。その後、仕事・恋愛・結婚・育児などに悩む女性向けの講座をスタート。8年間で1,700名以上が自分らしい生き方を開花させている。副業や起業でお金の自由を得る講座生も多数輩出。2021年から家族でドバイへ移住し、現在の年商は4億。8歳と3歳の子どもにイライラすることも、夫との喧嘩もナシ。著書に『「私、ちゃんとしなきゃ」から卒業する本』『嫌なこと全部やめたらすごかった』（WAVE出版）がある。

女子とお金のリアル

2023年8月8日　第1刷発行
2023年10月29日　第5刷発行

著　者　小田桐あさぎ

発行者　徳留慶太郎

発行所　株式会社すばる舎
〒170-0013
東京都豊島区東池袋3-9-7 東池袋織本ビル
TEL 03-3981-8651（代表）　03-3981-0767（営業部）
FAX 03-3981-8638
http://www.subarusya.jp/

印　刷　ベクトル印刷株式会社

落丁・乱丁本はお取り替えいたします

ISBN978-4-7991-1157-4